商场关系学

华阅◎编著

中国商业出版社

图书在版编目（CIP）数据

商场关系学/华阅编著. —北京：中国商业出版社，2009. 11（2021. 12 重印）
ISBN 978-7-5044-6685-3

Ⅰ. 商… Ⅱ. 华… Ⅲ. 商业经营-人际关系学-通俗读物 Ⅳ. F715-49

中国版本图书馆 CIP 数据核字（2009）第 205729 号

责任编辑：林　海　刘万庆

中国商业出版社出版发行
010-63180647　www. c-cbook. com
（100053　北京广安门内报国寺 1 号）
新 华 书 店 经 销
三河市宏顺兴印刷有限公司印刷
*　*　*
710 毫米×1000 毫米　16 开　18 印张　220 千字
2010 年 3 月第 1 版　2021 年 12 月第 2 次印刷
定价：59. 00 元
*　*　*　*

前　言

征战商场的人无不希望自己的生意越做越大，越做越红火，然而，哪怕是在相同条件下，做生意的成就也各不相同：有的人不可谓不努力，但生意始终在一个小圈子里打转；有的人却能高歌猛进，在激烈的市场竞争中脱颖而出。究其原因，就在于是否理解和把握了“关系”对于生意的重要意义。

商场如战场，战场制胜必须讲究用兵与天时、地利、人和的各种关系，而商场制胜也同样必须讲究经商与人际交往、合同信誉、产品质量以及销售艺术等方方面面的关系。商场经营关系纷繁复杂，如果理顺不好，差在哪一个环节都可能导致与财富失之交臂。

商场经营的核心是谋取财富，但这个财富不是抢来的、偷来的、骗来的，“君子爱财，取之有道”，它必须遵守商场关系中的“显规则”与“潜规则”，哪一个规则的欠缺和应用不当都必定会给商人造成或多或少的财富损失、信誉损失，甚至人格损失。

所谓“显规则”，即在商场经营过程中合法的、符合各方利益的、人人都要遵守的条约、规则、要求，如正当的商品购销渠道、正常的商业人际交往、公平的利益分配、合法的经营手段，等等。所谓“潜规则”，即与“显规则”相反、相对的，隐藏在“显规则”之下，却在实际上支配着商场运行的规矩，它所表现出来的有许多是不正当、不正常的，不公平、不合法的，它掺杂着人情世故、投机取巧的成分。人们虽然反对“潜规则”，但一旦置身其中又必须遵循它，它有时确实起着“显规则”所不能发挥的作用。如果说“显规则”是商场正道，那么“潜规则”就是旁门左道（但决不能是歪门邪道，搞歪门邪道的人最终是站不住脚的，是要自取灭亡的)。商场关系中，善于把握“显规则”和“潜规则”并能相辅相成运用的人，才可称得上是“经营之神”。这就要求每个商场经营者做人做事不能稀里糊涂，而是要知进知退、能高能低、可方可圆，理顺金钱与商品所涉及的各种各样的关系，把自己逐步培养成为一个高明的生意人。

本书依据商场经营的关系规律，综合古今中外商界名流成功的经验与失败的教训，对商场经营中遇到的各种“显规则”和“潜规则”进行条分缕析，试图拨云见日，帮助商海中劈波斩浪的弄潮儿洞察经商的大智慧，破解谋财致富的人际关系密码，进而使他们勇立潮头，自由驰骋。真诚祝愿每一位商场有志之士财富如潮滚滚而来！

编　者

2010 年 1 月于北京

目　录

上篇　显规则

古语说，“君子爱财，取之有道”。无疑，这里所说的“财、道”乃是指经商谋利的正道，即能摆在桌面上、挂到墙壁上、令人人都遵行的经营规则、条约，也即社会上常说的“显规则”。这些“显规则”，一是由政府部门为规范经营秩序而制定的，二是商场长期以来约定俗成的，三是由生意关系的双方从共同的利益出发制定共同遵守的协定。有道是“人间正道是沧桑”，只有认直、严肃地遵循这些商场的“显规则”，“买卖兴隆通四海，财源茂盛达三江”的美好理想才能变成美丽的现实。

下篇　潜规则

“潜规则”是相对于“显规则”而言的，是看不见的、明文没有规定的、约定成俗的，却又是广泛认同、实际起作用的、人们必须“遵循”的一种规则。创造“潜规则”这一概念的吴思先生说：所谓的“潜规则”，便是“隐藏在正式规则之下、却在实际上支配着中国社会运行的规矩”。“潜规则”是商场中“秘而不宣”的经营谋略。黑格尔说：在纯粹光明与在纯粹黑暗中一样，看不清什么东西。这个世界有白也有黑、有正亦有邪，谁也不可能歼灭另一方，这是世界的规则和秩序。商场中只有“显规则”与“潜规则”相辅相成，才能纵横捭阖，取得更大的成功。

○ 上篇　显规则

古语说，“君子爱财，取之有道”。无疑，这里所说的“财、道”乃是指经商谋利的正道，即能摆在桌面上、挂到墙壁上、令人人都遵行的经营规则、条约，也即社会上常说的“显规则”。这些“显规则”，一是由政府部门为规范经营秩序而制定的，二是商场长期以来约定俗成的，三是由生意关系的双方从共同的利益出发制定共同遵守的协定。有道是“人间正道是沧桑”，只有认真、严肃地遵循这些商场的“显规则”，“买卖兴隆通四海，财源茂盛达三江”的美好理想才能变成美丽的现实。

第一章 遵守通行的生意规则

社会要发展，要兴旺，必须“书同文，车同轨，行同伦”。同样，要建立和谐有序、健康发展的商场关系，经营者也必须遵守通行的生意规则。这些通行的生意规则把握着商场经营的方向和秩序，维护着多方共同的权益，平衡着个人欲望与法律的关系。违背了这些生意规则，在商场纵横交错的产销之路上必然处处亮起“红灯”，难以“通行”。因此，经营者只有认真严谨地恪守、执行这些生意规则，才能在复杂多变的商场中由小到大、由弱到强。

合法经营才是硬道理

金钱是财富的代表，是由劳动、经营所创造的，获取金钱必须以合法手段为基础，任何一个企业、公民，只有遵纪守法，通过诚实劳动、合法经营，才能求得集体、家庭和个人的物质财富，才能利国利民。这种获取金钱的方式是受国家法律保护的。牟取不义之财，用贪污受贿、行窃抢劫、走私诈骗、掺杂使假等非法手段牟取钱财，必将受到法律的制裁。

2009 年，闻名国内外的国美公司将陆续关闭百家门店，声称要壮大旗舰店和优质门店，进一步提高门店的差异化水平。尽管有这些美好的说法，但也不能掩盖一个事实，那就是国美电器的经济效益一定意义上在下滑。自从国美电器创始人黄光裕涉嫌经济犯罪被抓以后，国美一度陷入困境。

应当看到，国美当下遇到的困难，不仅仅是经济危机下市场低迷的结果，也是国美发展过程中所带的“胎里”疾病发作的结果，这是一种与生俱来的疾病，与企业家的所作所为联系在一起——国美在发展的过程中，并不是完全依照市场规律办事的，而是和正在调查中的权钱勾结、官商勾结等嫌疑，以及违规操作、操纵股市等情节密切联系在一起的。如果完全走市场化道路，这类企业能以如此快的速度发展吗，能在如此短的时间内积累出庞大的财富吗？

当下国美效益下滑，也和从前的所作所为密不可分，如果没有这些历史，也许就没有国美眼前的困境。一个企业要真正发展，还得走合法的道路。只有合法经营，企业才能够更加长久，更加发展壮大。而那些与权力勾结、与腐化联系在一起的企业，没有良好的未来，更没有发展前途。

合法不仅是要合乎国家法规，更要符合人们的利益，任何侵犯、坑害国家和个人权益的行为都要受到国家政府法规的制裁，这样的企业、个人定会在畸形发展中走向消亡。相反，一个合法经营的、给国家和人民带来利益的企业也定会赢得政府的帮助，走上健康的、强大的兴盛之路。

姚庄镇展幸村的柯学林是远近闻名的科学养猪专业户。走近他，人们很难相信这名乐观、精明、干练的农民还有一段特殊的过去……

柯学林 18 岁就开始跟养猪业打交道。改革开放后，柯学林看到人家很快富起来，就动起了歪脑筋，凭着他的“聪明”劲，在猪的饲料中添加了“瘦肉精”，指望靠此增加养猪效益。但事与愿违，2003 年，柯学林被有关部门查处，判了缓刑，也被罚了款，快速致富的梦想落空了。

在致富路上碰了壁的柯学林一度有些灰心。但是，政府的教育、鼓励，使他重新树立起了信心。柯学林参加法制培训，学习农产品和食品安全的相关法律、法规，懂得了，要致富也得懂法、讲法、守法。于是，柯学林决心走科学养猪的路，用养良种猪的方法来发展事业，走自繁自养的路子。想法不错，但是办起来困难不少，要发展，就要有投入，就需要资金和知识。这时，政府向他伸出了援助之手，帮他上下联系，镇信用社及时为他发放了贷款，兽医站也给予了业务技术上的指导，他本人更是起早摸黑，认真学习养猪知识。由于他发展的方向对路，几年下来，科学养猪得到了回报，他真正走上了致富之路。

现在，柯学林的养猪场已发展为有良种母猪 200 多头，常年存栏肉猪 2600 多头。2008 年净收入达到 50 万元，市、县农经部门也组织养殖户来参观柯学林的养猪场，柯学林成了远近闻名的科学养猪专业户。富起来的柯学林不忘搞好环境污染整治工作。在治理养猪污染时，投资 10 多万元，并首批通过了县级验收。他还不忘回报社会，2008 年出资 5000 元带头赞助了村举办的“大往圩杯”篮球邀请赛。对村里的文化体育活动，他总是积极赞助。

社会需要的是一个文明的市场、法制的市场、透明的市场，“浑水摸鱼”只是一种短视行为，“投机取巧”赚取的只是蝇头小利，只有身份合法、经营合法、贸易正规化、手续规范化，才能做大、做好、做强，才能在如林的商场中赢得一席之地，获得恒久不衰的发展。合法经营才是发展的硬道理。

公平交易才能买卖兴隆

一种买卖关系只有在双方的公平交易原则中才能形成，不公平的交易终将失败。

法律规定，消费者具有公平交易权，消费者在与经营者之间进行的消费交易中享有获得公平交易条件的权利。

公平交易是市场经济的一项准则。由于法律规定消费者与经营者享有平等的法律地位，消费者购买或者不购买任何一种商品、接受或不接受任何一项服务都具有自主的选择权。

公平交易权的核心是消费者以一定数量的货币可以换得同等价值的商品或者服务。这一点是实际衡量消费者的利益是否得到保护的重要标志。此外，衡量是否是一种公平交易，还包括：在交易过程中，当事人是否出于自愿，有无强制性交易或者歧视性交易的行为；消费者是否得到实际上的满足或者心理的满足；等等。在交易的过程中，一般来说，消费者总是处于弱者的地位，甚至是被动的地位。经营者和消费者是一对矛盾的统一体，两者的行为构成了交易的行为。一方要赚钱；另一方怕花冤枉钱，讨价还价。最终总是要寻求一个平衡点，满足了双方都能接受的条件，交易也就完成了。这个平衡点就是公平交易权的支撑点，也是实现消费者公平交易的关键所在。

消费者公平交易权的主要内容可以概括为以下几个方面。

（1）交易行为的发生是在合理的条件下进行的。所谓合理条件是指经营者不得有强制性的或者歧视性的交易行为；同时在商品的质量担保、公正的价格和准确、真实的计量条件下从事交易。

（2）交易的结果可以达到消费者预期的目的。所谓预期的目的，是指消费者的消费欲望变成现实，并且是在可以接受的公平交易中其付出的货币换得了等价的商品或者服务。

(3) 公平交易是交易双方协作完成的。所谓协作完成，是指交易双方在交易中都以诚实可信的态度对待对方，并且都获得了不同目的的结果。

等价交换原则是公平交易原则的核心内容。

等价交换原则是商品交换的客观要求，只有实行等价交换，才能使商品生产和商品交换正常进行，维护各个生产者、消费者的利益，才能形成平等的竞争环境，使商品生产者在竞争中优胜劣汰，从而促进经济快速、健康的发展。

等价交换是在动态中实现的。货币产生后，商品之间的交换，就变成了商品交换时价格与价值相符。而在现实生活中，由于供求与价格的双向制约导致价格围绕价值上下波动。所以等价交换的原则并不是体现在每一次具体的买卖关系当中，而是从一定时期、从社会的总体来看的，体现着等价交换的原则。

等价交换原则要求商品价格既要反映商品价值，又要反映供求关系的变化。价值是价格的基础，价值决定价格，价值是价格的货币表现。在一定情况下，商品的价格与它的价值成正比。所以商品价格要反映其价值。供求关系也影响价格，当商品供过于求时，价格下跌，低于价值；当商品供不应求时，价格上涨，高于价值。所以商品的价格又要反映供求关系。

不能以特殊现象否定等价交换。一些文物、名画、珍贵邮票价格严重背离其原来的价值，原因在于这些东西具有不可再生性和不可重复性，它们的价格上涨不会促使这些商品扩大生产，增加供应量，也就不能反过来抑制价格上涨。

公平交易是商场关系的核心，也只有公平才能建立长期的、稳定的买卖关系，双方才能都获得利益，所以，公平交易才能保证买卖双方的双赢。

质量是商场经营的生命线

“人叫人千声不语，货叫人点首自来。”“质量是企业生存之本”“质量是企业发展的基石”的话我们已经耳熟能详了。所有的这些都在不断阐述的一个主题就是：质量是企业的生命。

如果企业是棵树，质量就是树的根，为企业的生存提供养料；假如企业是只鹰，那么质量就是鹰的翅膀，让企业可以在商海中翱翔……良好的品牌是建立在过硬的产品质量基础上的，一个产品质量不过硬的企业又何谈发展壮大。

还记得海尔公司最早的“砸冰箱”事件吗？1986 年，有用户反映海尔冰箱存在质量问题。海尔公司在给用户换货后，对全厂冰箱进行了检查，发现库存的 76 台冰箱虽然不影响制冷功能，但外观有划痕。时任厂长的张瑞敏决定将这些冰箱当众砸毁，并提出“有缺陷的产品就是不合格产品”的观点，这一砸，砸出了员工的质量意识，树立起“零缺陷”的观念。

作为一种企业行为，海尔砸冰箱事件不仅改变了海尔员工的质量观念，为企业赢得了美誉，而且引发了企业质量竞争的局面，反映出企业质量意识的觉醒，对企业质量意识的提高产生了深远的影响。一场砸冰箱的事件，不仅震服了海尔内部所有的人，更使海尔成为了当时注重质量的代名词。正是“质量”使海尔成为迄今为止中国家电行业唯一家五大产品全部通过 ISO9001 国际质量体系认证和国内首家通过 ISO14001 认证的家电集团，也是中国第一个列入美国 UL 认证名录的企业，并通过了欧盟 EN45001 认证，是中国第一家产品在国内就可获得国际认证的企业。

当今市场竞争日趋激烈，面对竞争，企业不应因为自己处于不利的情况，采取种种不正当竞争手段来维护本企业的利益，而是要找出不足，努力发展壮大自己，才能在激烈竞争中占有一席之地。产品如果没有好的质量，再好的宣传，再好的广告，再好的包装都是水中月镜中花。打个比方，一个女人也许能够通过化妆马上变得漂亮，但要提高这个女人的内涵，让她的美丽由内而外地散发出来，这种效果是化妆所达不到的。质量的作用就是让一个企业由内而外散发芬芳、发展壮大。

质量就是企业的生命。

我们经常强调说品质是人做出来的，可为什么总是做不出呢？是技术问题，还是什么？质量意识或是品质意识，这是我们大多数人所缺乏的，要真正打造永世长存的品牌，就要全员都有这种质量意识，因为这是企业一切成功的基石。没有质量企业就会失去客户，没有质量员工就会失去工作，没有质量企业就会失去生命。

前不久，我国发生了三鹿幼儿奶粉致儿童死亡事件。当时三鹿企业并没有正面去对此事采取有效的解决措施，而是隐瞒事实，逃避问题，从而发生奶粉中毒事件。一个企业如果麻木的去追求利益而不重视产品的质量，所造成的后果是非常严重的，企业必定走向失败。

三鹿事件警告我们，如果我们不能保证产品的质量、服务的质量、卫生的质量，我们将会失去顾客；我们将会被竞争对手超越，我们将会被淘汰！

产品的质量就是企业的生命，只有优质、高效的企业才能在任何挑战中永远立于不败之地。所以，我们必须把好质量关。如果经营管理没有质量管理的观念，那么我们就无法生存，更不用谈有长远的发展！当我们忽视质量的时候，我们将会失去顾客，我们将会失去工作，我们将会失去一切！当我们重视并把质量意识贯彻到每位员工心中，我们将会得到更多的顾客，我们将会得到更多的发展平台，我们的企业将会基业长青！

“一锤子”买卖做不长久

无论做什么事情，欺骗坑人的恶劣手段最终都是搬起石头砸自己的脚，欺人的结果只能是自欺。生意场上也是如此，没有一个人能靠一贯的欺骗永久致富，也没有一家企业靠一贯的欺骗而兴旺发达。

商场上往往出现失信于一客，而百客不登门的现象。一个商店、一个公司，如果在经营过程中欺骗了一位顾客、一个用户，就可能影响到百位顾客、百个用户从此不愿光顾。因此，作为经营者，尤其是初入生意场的经营者，一定要恪守生意诚为贵的原则，切不可耍小聪明，欺骗顾客、蒙骗客户。

走进市场，人们都会有这样一种习惯，就是每购买一件物品之前，总想打听哪个商店出售的这种物品质量好、价格便宜，而且售后服务好，然后去购买。如果有人说某某商场或超市服务质量太差，购买者肯定是不会去光顾的。如果这个商场或超市真的有掺杂使假，以次充好等有意捉弄顾客的事，影响就更大了。被捉弄者看来只是一位顾客、一个用户，但一传十，十传百，造成不良影响的却是一大片。

有些经营者认为，现在的顾客大多数是货盲，能识货者不多，对于新产品更加“知之不多”，经营者指着“鹿”说是“马”，常常把顾客当作傻瓜来捉弄。其实，从长远来看，这种行为是极其愚蠢的举动。因为顾客才是一个商店、企业、公司的后盾，一切利润均来自消费者，若失去了消费者，没有了流通，经营者赚谁的钱？

商场上常常发生这样的事，有的经营者明知自己的商品有毛病，但还是想卖出去。不被发现则罢，发现了则往顾客身上推责任。对此，顾客当然感到不满，甚至有被骗的感觉，试问在这种情况下，哪位顾客还会第二次光临呢？更严重的是，顾客可能规劝各方面亲戚朋友，切勿“帮衬”，就这样一传十，十传百，店家便声名狼藉，要挽回名声时，可能为时已晚了。因此要生意兴隆，口碑是重要的，“以诚待客”是做生意之“本”。

同样对待这类问题，有些经营者的做法就很明确，他们把有些毛病的商品挑出来，并做出说明。这样顾客在看过之后，便会放心购买而且不存在回头扯皮的问题。商店既卖出了积压次品，加速了资金周转，又不失声誉赢得了顾客的信任，这才是明智的做法。

“挂羊头，卖狗肉”是旧时奸商的一种欺诈行为，在今天的市场经济中，法律绝不允许经营者这样做，即便是经营者偷偷这样做了，被顾客得知后，同样也会遭到唾弃。近年来，经营者使尽浑身解数，在市场经济的舞台上大显身手，推出了“精品店”“专卖店”等招牌，但有些精品不“精”、专卖不“专”，结果时间不长终是门庭冷落关店走人。

另外，在商场上还有一些经营者自认为聪明绝顶，在商品的标价签上，将重要的字眼隐藏起来。例如，一件 T 恤的售价是 19.90 元，但“1”字往往细小到近乎于无，又或者用其他货品将其掩盖，令顾客以为只售 9.90 元，这种手法偶一用之，当然可赚取金钱，但令顾客大失信心，而永不光顾，以这样的代价来换取暂时的利益，实在是太愚笨了。更有甚者，自诩做生意靠不明码标价发财。事实上就是想不标实价，企图通过漫天要价，通过与顾客之间的讨价还价来浑水摸鱼，从中牟利。比如，一件衣服只值 100 元，店主却开价 200 元。这种现象在市场经济较发达的国外是少有的，在“购物天堂”香港的超级市场直至小铺，绝大部分的商品都是明码标价，很少有讨价还价的现象出现。所谓“开口还一半”，“议价用除法”这样不可想象的事，在如今的一些商场、集贸市场、地摊上却常常见到。这也说明，现在的许多经营者，在经营活动中缺少一个“诚”字，不诚就难招天下客，就无法使顾客对其建立信任感、安全感，顾客也理所当然地会离你远去。

任何经营者都懂得，也都明白，经商的目的就是赚钱，但赚钱要赚在明处，赚得光明磊落。须知，不正当的经营是要砸牌的，终究会失去顾客。作为一心想发家的经营者只做“一锤子”买卖，虽可得利于一时，发不义之财，终不是正道，结果除了遇到唾骂和惩罚外，还有就是灰溜溜地走人。

义以生利，利以平民

先给大家看看这个故事。

那是春秋时期，鲁国制定了一道法律，如果鲁国人在外国看见同胞被卖为奴婢，只要他们肯出钱把人赎回来，那么回到鲁国后，国家就会给他们以赔偿和奖励。这道法律执行了很多年，很多流落他乡的鲁国人因此得救，也因此得以重返故国。

后来孔子有一个弟子叫子贡，他是一个很有钱的商人，他从国外赎回来了很多鲁国人，但拒绝了国家的赔偿，因为他自认为不需要这笔钱，情愿为国分担赎人的负累。

但孔子却大骂子贡不止，说子贡此举伤天害理，祸害了无数落难的鲁国同胞。

孔子说：世上万事，不过义、利二字而已，鲁国原先的法律，所求的不过是人们心中的一个“义”字，只要大家看见落难的同胞时能生出恻隐之心、只要他肯不怕麻烦去赎这个人、去把同胞带回国，那他就可以完成一件善举。事后国家会给他补偿和奖励，让这个行善举的人不会受到损失，而且得到大家的赞扬。长此以往，愿意做善事的人就会越来越多，所以这条法律是善法。

孔子还说，子贡的所作所为，固然让他为自己赢得了更高的赞扬，但是同时也拔高了大家对“义”的要求。往后那些赎人之后去向国家要钱的人，不但可能再也得不到大家的称赞，甚至可能会被国人嘲笑，责问他们为什么不能像子贡一样为国分忧。圣人说，子贡此举是把“义”和“利”对立起来了，所以不但不是善事，反倒是最为可恶的恶行。自子贡之后，很多人就会对落难的同胞装做看不见了。因为他们不像子贡那么有钱，而且如果他们求国家给一点点补偿的话反而被人唾骂，很多鲁国人因此而不能返回故土。

讲究“义”，但不反对“利”，相反还提倡“义中取利”，甚至反对“义不求利”，古代圣人真是将义、利和人性的关系演绎到了本真。

义利观是中国古代儒家哲学的价值论。这种义利结合的观念，表现在管理过程中，便是孔子所说的“义以生利，利以平民”。在这个层面上，义与利是统一的。义利兼顾的企业文化，要求企业在获取正当利益的同时，必须积极承担社会责任，依法经营，照章纳税，注意保护环境，关注自身对社会和人类的贡献。企业如一味追求盈利而忽视社会责任和法律法规，则会失去发展的大环境支持，这种杀鸡取卵式的做法只会导致后劲不足，生存困难，最终走向衰亡。所以，企业不能因规模小、竞争力差、处于发展积累阶段而不承担社会责任。

义利兼顾要求所有企业在力所能及的范围内，主动改善职工待遇，减少环境污染，依法经营，照章纳税，从事社会慈善事业，还要努力创新，体现自身对社会和文化的积极推动作用。这种“义利两全”的理论，强调企业追求利润，开展竞争，应以“公利”、“国益”为前提，为社会发展和进步做出应有的贡献。

和谐竞争才会共赢

市场靠竞争来发展，企业靠竞争来激活，社会在竞争中进步，适者生存，这是千古不变的定律。

说到竞争，人们自然会联想到公平、公开、公正，也自然会联想到诚信，这是竞争的信条。

“竞争有理”，但竞争方法、手段等的前提是遵守一切游戏规则，依法经营，合法竞争。人们记忆犹新，在市场上为了竞争，有的不惜手段，造假掺杂、偷工减料、以次充好；为了竞争有的竟然假冒他人商标，做虚假广告，散布虚假信息，也有的窝里斗，大打“价格战”，更有的偷税漏税、走私……种种行为和现象，无非是不惜采取一切手段，使出浑身解数，想把对方挤垮，一心总想在本行业“独占鳌头”“一枝独秀”，他们处处好强、好斗、好胜，从他们的每条神经线上到行动上都处处显耀着“特别能战斗”，他们也可以“市场不相信眼泪”为理由，“独吞独揽”。

温州鞋商也许不会忘记十几年前曾在国外被烧的那几把火。

2004 年 9 月 17 日，在远隔重洋的西班牙埃尔切市，发生了令人震惊的“火烧温州鞋”事件。该市近千名鞋商和制鞋工人涌进温州鞋商聚集的“中国鞋城”游行示威，抗议温州鞋砸了他们的饭碗，一些不法分子焚烧了 16 个集装箱的温州鞋。

一波未平，一波又起，2005 年 3 月 12 日，20 多家出口企业的 100 多个集装箱的温州鞋突然在俄罗斯被查抄。四个月后，俄罗斯又发生一起警察查扣中国鞋事件，其中绝大多数是温州鞋。

两把大火和多次贸易摩擦终于使温州的有识商人幡然醒悟，发现问题主要还是出在自己身上：过去一直崇尚“竞争有理”，以

“特别能抢占”为自豪，这种“市场霸权主义”是他们四处树敌的关键根源。

原来，温州人在西班牙直销温州鞋，出口商、进口商、经销商、营业员全由温州人包揽，所有环节的利润“独吞独占”。温州人自己原以为这是好事，但没想到引发出一系列连锁反应，当地的企业和工人都要与中国鞋商“拼命”。温州鞋融入国际经济圈，“价廉物美”的优势发挥到极致后，遭到腹背受敌；好强、好胜、好斗、好独赢的经商理念到了国外产生了“水土不服”，“量大面广、铺天盖地”的出口强势无限膨胀，导致成祸成灾。一些温州老商人说，“有钱大家赚”本是老祖宗留下的一个天然经营理念。世世代代的温州商人也确实是靠“赚一块钱，分出四毛”的经营秘诀把生意做遍全国、全球的。可惜后来这个“生意经”却被当作陈旧“背时”的东西，“尘封”起来了。

在由两把大火引发的这场经营理念“大讨论”中，许多温州商人意识到，竞争并不见得就是“你死我活”“非赢即输”。在全球经济不断走向一体化的今天，追求“同村邻居”式的和谐、共赢已经渐成气候，经营理念和赚钱模式应该与时俱进。

和谐社会，我们也应该构建“和谐竞争”机制，无论是在国内还是国外都该如此。2005 年 7 月，温州市公平贸易局与温州鞋业协会组织一批企业家专程前往西班牙埃尔切市，开始了探讨合作共赢途径的进程。

现在，西班牙华商圈中的许多温州企业已经调整了经营模式，注意尊重当地社会的文化和习俗，兼顾当地商人、工人的利益。比如，不再搞低价攀比竞争，尽可能聘请当地人当店员等，不再干过去那种“独吞独占”“吃干榨尽”的事了。

我们不否认竞争，更提倡竞争。我们认为，竞争的经营理念要随着时代的变迁而变化，竞争的内涵也要发生变化。

我国传统的商业道德，提倡“和气生财”“君子爱财，取之有道”。

改革开放以来，企业就是在竞争中发展的，企业也在竞争中由小到大，由大到强，一步一步地成长，这其中离不开很多企业、很多同行的互相帮助、互相提携，大家走过风风雨雨，真诚合作，一路同行，在企业发展中结下了兄弟般的情谊，达到了共存共赢。

进入二十一世纪，全球经济一体化正一步一步向我们走来，但竞争将越来越激烈。不仅国内竞争如此，国际竞争甚至贸易磨擦也接踵而来。这就让我们不得不思考。

国家提出的“科学发展观”“构建和谐社会”“共建和谐世界”，在这个指导思想下，我们的竞争将有一个大的转折，应与时俱进。

那就是“和谐竞争”“有钱大家赚”。

和谐社会，一个根本的特征就是以人为本。这将是我们企业在经营理念上的最大转变。

提倡竞争，并非你死我活，而是追求和谐共赢这种新的经营理念和赚钱模式。

和谐竞争，就是在竞争中合作，在合作中交流，一方有难大家帮扶，达到共存共赢。

和谐竞争，就是要在优势互补中发现问题，共寻良方，加快创新步伐，推动开发，满足市场需要。

和谐竞争，就是要以大扶小，不但在技术上帮扶，也要在订单及加工生产上帮扶，有条件可在资金上帮扶，在资源上整合，把整个行业带动起来，真正做到“你有饭吃，我有粥喝”，一齐富裕起来，这是一种何等可贵的精神，也是我们构建和谐社会所提倡的。

有钱大家赚，就是办一企业，活一个企业，成长一个企业，在发展过程中，大家相互提携，“不让我们兄弟掉队”，一齐奔小康，达到共建和谐社会这个总目标。

总之，要变过去那种“你死我活”的竞争观为“你追我赶”

的竞争观，把竞争放在看你的本事上，比谁能节能降耗，降低生产成本；比谁能发扬创新精神，以更新的产品捷足先登，占领市场；比谁能在售后服务上更贴近客户，更快捷方便；比谁能创造出名牌。

顾客永远是上帝

对于以趋利性为共同特征的公司和顾客来说，利益关系是维系双方的基础。公司必须为顾客提供某一种或几种能够满足其实际需求的产品或服务，为其带来实实在在或潜在的好处，否则顾客要么根本不会将自己与公司联系在一起，要么最终也会剪断与公司的关系纽带。公司作为以营利为目的的经济实体，在满足市场与顾客需求的同时也必须能够获得相应的回报，而且必须最终体现在经济利益上，否则稳固的顾客关系既没有什么实际价值，同时也是难以想象的。

利益关系只是公司与顾客之间最基本的关系，它是建立长期顾客关系的必要条件，但只有利益关系是远远不够的。当顾客存在某种未被满足的需求时，实际上所有能满足其需求的公司都与其存在一定的利益关系或潜在的利益关系，这些公司甚至是跨行业的。例如，当某人因为寒冷而需要保暖时，此时羽绒服、电暖器、空调制造公司都因能满足其保暖的需求而与其形成利益关系。消费者显然不会从所有这些公司购买产品，他们通常会在同一类公司中选择一家购买其产品或服务。在这个过程中，那些事先与顾客建立了情感联系的公司将占有明显的优势，进入其决策名单，其余的则会被排斥在外。

当产品或服务本身差异不大，或者顾客对产品或服务并没有过多的特殊要求时，此时决定顾客选择的往往就是顾客对公司的情感认同。这种情感关系极为复杂，不仅涉及产品和服务本身，还包括公司的社会活动、公众形象等所有引起消费者情感变化的因素，其中甚至包括历史与民族关系。2005 年四五月发生在中国的“抵制日货”运动正说明了情感关系对公司的影响及其复杂性。日本的许多产品，特别是汽车与电子消费品等对消费者来说无疑具有很强的吸引力，但近年来日本政府的种种举动及中日民间的长期对立引起了中国人的强烈反感，这种情感必然会影响中国消费者的购买决策，从而使他们最终放弃对日货的选择。

需要说明的是，我们这里讲到的公司与顾客之间的情感关系和顾客的情感需求是性质不同的两回事。情感需求与物质需求是同一层面的，它所体现的是顾客本身的需要及对公司的要求，如顾客购买某种奢侈品是为了彰显地位，获得心理上的满足感，这属于情感需求的范畴，体现了公司与顾客之间的利益关系。而情感关系体现的是公司与顾客之间的情感联系，能够满足顾客这种彰显地位的情感需求的公司也许并不少，如果仅从利益关系来看，它们之间并没有很大的差异；但如果对比顾客与这些公司的情感关系，也许存在着巨大差别，这将在很大程度上决定顾客购买瑞士而不是日本的某种高档腕表。

对于公司与顾客的联系来讲，利益关系与情感关系缺一不可。尽管情感关系比利益关系要复杂得多，但它始终建立在利益关系的基础之上，离开了利益关系，双方的情感关系就犹如无源之水。如果公司过多地强调利益关系，而不能建立起与顾客之间的情感关系，那么这种顾客关系不会长久，双方的利益关系也将解体。

所以顾客永远是上帝。

要做好吸引顾客的内在文章，下述办法，仍然不妨一试：

（1）不可一直盯着顾客纠缠不休，要让顾客轻松自在地逛商店；

（2）把顾客看成是自家人，将心比心，真心为顾客服务；

（3）销售前竭力奉承，不如售后热情服务，售后服务，将使你的顾客成为常客；

（4）对顾客要一视同仁，不能只对买额高的顾客热情，而对出价低的顾客不屑一顾，这将给你的店带来大笔损失；

（5）切记不要当着顾客的面斥责店员或者吵架，这将使顾客看了难受；

（6）精神饱满，衣着整齐地站柜台，使店子充满生气和活力；

（7）对带小孩的顾客，或前来购物的小孩，要特别照顾；

（8）商品售完缺货，等于怠慢顾客，这时应郑重道歉，并留下顾客的联系方式；

（9）见什么人说什么话，根据顾客身份、性格，有的放矢；

（10）与顾客拉拉家常，会缩短彼此之间的距离，消除顾客的戒备心理；

（11）不是卖顾客喜欢的东西，而是卖对顾客有益的东西；

（12）不论顾客责备什么，都应欣然接受。

记住，“人无笑脸莫开店，心有诚意客自来”。

严格执行合同

经济活动虽然有其自身的规律，但是绝不允许超越法律规定的范畴，凡是违反法律的商业行为不管是赔与赚都应严格禁止，也不要钻法律的空子，如不遵守这一规则必然会在生意场上栽跟头。

就拿商品贸易中签订合同来说，如果经营者缺乏法律意识，在合法合同中会被人利用，给对方以可乘之机，从而使自己受损失。

这样的例证不少，我们随便列举一个。改革开放初期，我国有一家企业与外商做关于服装的生意。经过谈判，中方企业同外商签订了关于出口服装的合同。因为是第一次与外商做生意，为了给对方留下一个好印象，工厂发动全厂上下齐心协力，不但保质保量地生产出了产品，并且比合同规定的最后装运期提前了一个月发货，因此，货物早早地发到外商手中。

可是就在中方等待对方称赞的时候，外商却提出了退货的要求。其理由是，产品质量与合同中的有关规定不符。

中方企业的有关人员对此大惑不解，因为中方提供的服装质量不仅不低于合同规定的标准，而且服装的纱支数还高于合同的规定。

可是，国际贸易法规却无情地打击了中方的好心。根据联合国《国际货物销售合同公约》规定，卖方所提交的货物必须符合合同的规定规格，不能偏低，也不能偏高。这就是法律，不偏不倚，讲究公平与公正。按照这个公约的有关条文，中方的确是违反了合同的规定，如果诉诸法庭，按照国际惯例中方应当处于败诉的地位。

按照一般的道理，卖方提供商品的品质规格高于合同规定本应是买方求之不得的，可是为什么此外商却坚持要求退货呢？原来，外商发现他所订购的这种类型的服装市场看跌，运到的货物销路很不好，即便是销售出去也得降价处理从而使利润受损。因此，狡猾的外商便利用国际贸易法规中的有关规定，来转嫁他的损失。

中方企业好心没得好报还吃了一个“哑巴亏”。

的确，在执行合同的过程中，要走出误区：即便是高于合同规定也可能带来不良后果。关键在于严格按合同规定执行，一丝也不可马虎。

应该说这个案例给我们上了一堂课，那就是要增强法律意识。

在我们的经济社会中，各行各业都有自己相应的法律法规来约束，规范本行业的经济秩序，而且这种法律法规的制度正在走向完善。连游戏都有规则，何况经济活动，它关系到整个社会经济活动的健康，所以在进行经营活动中绝不可掉以轻心。

因此，不论在哪里做生意，经营者都应在国家法律允许的范围内进行，不能超出这个范围。否则，即便是无意的行为，也必然受到惩罚，若不然，就无法进行商业活动了。所以，做生意要弄懂法律规则。

第二章　做生意先做“生意人”

俗语讲得好，“在商言商”。只要你成为商场的一分子，你就必须站在商家的立场谈问题，从市场经济的角度看问题。正如“革命不是请客吃饭”一样，商场经营不是送人情、做慈善，它是以营利为目的的，一切行动都要围绕经济利益进行。把经济利益永远做为经营行为的核心，关注利润和收成，是商人应遵循的最明白无误的准则。所以，要做生意，必先要成为一个生意人，使自己有经济头脑，有市场意识，有本利盈亏概念，永远把赚钱作为第一要义。

商人与钱的关系就是老鼠与大米的关系

做生意的人一定要深谙生意之道就在于赚钱，做生意就是做买卖。从商，就是在做买和卖的生意，最终的目的是通过投资而获利。商人爱财，一定要谨记“你不理财，财就不理你”的金钱本性，一定要悟透“爱钱如命、唯利是图”的从商真谛。

一位因从商起家的的老板曾说：“我上大学的时候，就天天在想，将来我要从商，要挣钱买得起豪华别墅、高级轿车来享受，甚至更多。正是这种强烈的发财愿望，使我克服了许多困难，在事业上有了一点成绩，也挣到了能让自己实现理想的钱。做生意的人应该把盈利赚钱作为人生的目标，没有这种目标算不上一个真正的生意人。”

“塞满钱包并非完美，但是钱包空空如也却是不可原谅的罪恶。”

“有钱并不是坏事，要知道钱会祝福人间的。”

“金钱会不断提供机会给你。”

“金钱会给好人带来喜讯，使坏人更倒霉。”

这些是犹太人的金钱观念。如果不是以盈利赚钱为目标，那些犹太人中的大商人是不会产生的。

在中国的封建社会里，商人历来被人鄙视，在士农工商“四民”中，商人被排在最末位，但也有例外，在山西商人的心中，经商是一件治国、兴家、立业的大事。正是凭借着这样一种强烈的人生观念，山西商人自明朝开始至清朝末年称雄天下500年，声势之浩大，无人可比。

“天下熙熙皆为利来，天下攘攘皆为利往”，对于经商谋利，山西人自有独特的见解。他们把经商谋利看作十分荣耀的事，士农工商“四民”的次序在山西人眼里被颠倒过来了。所以，当时山西就有“以商为本”之说，万里经商，习以为常，虽远在他乡，却不以身家为念。

有的山西商人在自己经商发达后，甚至立下了“吾家世资商业为计”的祖训。在他们的后代中，有才华优秀者，被选贡赴京入国子监，但他们却放弃这样的好机会而甘心为商人，还有的已经有了官位而弃官经商。他们完全抛弃了世人“儒为名高，贾为厚利”的传统看法，认为儒、贾追求可以一致，行贾也可以习儒，儒可贾，贾可仕，仕可不失贾业。

山西人选择了以经商活动为主要谋生之路、致富之道，而且并不以工商为末而羞惭。在山西人眼里，只有精明强干的能人才能以经商为业，有所成就。基于这样的人生观念，山西人坦坦荡荡、大大方方地经商谋利，走上了富甲天下的道路。当时的山西民谚中流传着“养儿开商店，强如做知县”“买卖兴隆把钱赚，给个县官也不换”的说法。可见，把商业作为一项人生的崇高事业正是山西商人经商取得成功的重要因素。

对于商人的金钱观，日本的经营之神松下幸之助先生曾有过“钟情于金钱”的经验之谈。他认为：若不钟情于金钱就无法成为巨富。只有钟情于金钱，视财富为命根子，才能增加财产。我们平时想做那个，想做这个，都需要依赖钱。虽然钱不是万能的，但没钱却是万万不能的。没有几个钱，你在演讲时说“我以前是个富翁，我的家原本是个大别墅……”，谁都不会相信。因为有钱，所以才能洽谈生意，事业才能发展，若想成为大富翁，最重要的是首先要对金钱感兴趣。

由此可见，做生意的人一定要爱钱。只有爱钱，才会执著地经营事业，才能学到赚钱的秘诀和窍门。君子爱财，取之有道，金钱之利，是生意人的理想，只要合理合法，“唯利是图”也在情理之中。

但有一点做生意的人也必须注意，钱虽好需要赚，但一定要遵循着正当的生意法则来赚，切不可不顾一切的向“钱”看，最后钱赚到了，人的本性却丢失了，那就不是真正的生意人所为了。

商人重要的是眼光

被誉为清代“红顶商人”的胡雪岩曾经有一句至理名言：“做生意顶要紧的是眼光，你的眼光看得到一省，就能做一省的生意；看得到天下，就能做天下生意；看得到外国，就能做外国生意。”

在中国，两千年前就有一位“经营之神”，名叫范蠡。

范蠡，字少伯，楚国人。曾为越国大夫。约公元前494年，越国被吴国打败，范蠡辅佐越王勾践卧薪尝胆，发愤图强，最终亡吴兴越。恢复越国后，范蠡高瞻远瞩，不为诱人的官位所左右，而是认为“狡兔死，走狗烹，飞鸟尽，良弓藏，敌国破，谋臣亡”。他预见到官场上只可共患难，不可同安乐，便急流勇退，弃官经商。

范蠡来到齐国，改名为“鸱夷子皮”，带领家人，一边在海滨垦荒、种地，养殖五畜，一边看准机会做买卖赚钱。由于范蠡聪慧敏捷，经营有方，时隔不久便积累了巨额资产。齐国国君闻其贤名，擢之为相。据司马迁《史记·货殖列传》记载，范蠡仍弃官而去，并将家中财产尽数赠给亲戚朋友。

最后，范蠡来到山东定陶经商。他认为定陶位于天下中心，交通便利，是处贾经商的好地方，从而定居于此，自号陶朱公。因此，后人更多的只知陶朱公，而不知范蠡。

范蠡经商的成功之处在于，他能不断总结、概括“治生之学”，提升商贾理念。

范蠡行商处贾从不只顾眼前利益，就事论事，而是善于用辩证思维方法去指导商务活动。他认为：世间一切事物都在不断发展变化，时局的兴衰，商潮的起落也不例外。在经营过程中，应能审时度势，因势利导，待时而动。

例如，范蠡著名的经营原则“水则资车，旱则资舟”，就是他比别人看远一步，棋高一着的经营辩证法，如同“敌国破，谋臣亡”那样富有远见卓识。

尽管时代不同了，但是“商人的眼光决定着商人的未来”这一理念并没有变。商人有国籍，但生意无疆界。商品的比较价值和比较优势是在商品的大跨度流动中显示出来的，尤其是在国际贸易中，独特的地域性资源，廉价的劳动力成本，新颖的创造性设计，令人信服的商品质量和独一无二的售后服务，都能产生比较价值和比较优势。中国商人已经到了需要放眼全球的时候了，已经到了需要创立世界名牌的时候了。谁能成为先觉者，高瞻远瞩，先行一步，谁就能在21世纪成为中国商界的佼佼者。

眼睛仅盯在自己小口袋的是小商人，眼光放在世界大市场的是大商人。同样是商人，眼光不同，境界不同，结果也不同。

有人说，是实力不同才导致了眼光不同。其实则不然，考察一下20世纪60年代的日本商界反映出来的情况是十分典型的，足以说明这样的真理：商人的眼光决定商人的未来。

日本在经历了20世纪50年代的战后恢复和艰苦创业，整个经济转入了高速增长期，国内需求日益高涨，一些日本企业只把眼光放在日本国内市场，满足于眼前的利益。当时，国际市场上把日本产品与粗制滥造、质量低劣画等号，加上战败国的名声，使日本商人常常在世界商务活动中低人一等，因此不少日本商人不愿走出国门，他们都希望在国内市场上一比高低。

在战后才刚刚由早稻田大学毕业的井深与东京工业大学的盛田昭夫创办的日本索尼公司（SONY），尽管当时公司发展的历史并不长，实力并不强，规模并不大，但眼光却非常远大，代表着战后日本新一代商人的气魄。

20世纪60年代初，近“不惑之年”（40岁）的盛田昭夫就意识到日本商人应该走向世界。他在《日本制造》一书中回忆道：

"当时，我越来越强烈地感觉到，随着事业的日益发展，如果不能将海外市场纳入自己的视野，那将无法造就一个井深先生与我曾憧憬过的公司。"索尼公司独步全球，这与盛田昭夫高瞻远瞩的眼光是分不开的。

行动来自理念的导向，未来有赖于眼光的指引，对商人来说，只有想不到的没有做不到的。不要忽视眼光和理念的价值，它常常是商人成功与失败的分水岭。

商人必须有良好的心态

在当今市场上投资做生意，没有良好的心态是难以立足的。世界上富人并非都是高智商或者受过良好的教育。但他们富了，而受过良好教育的人却没有，博士为中学毕业的老板打工的事随处可见，世界上有太多的有才华的穷人。

研究表明，创富是知识教育不可能完全培养出来的另外一套综合能力。要想获得财富，你首先要了解自己有多少获得财富的资本，这些不仅包括你在事业上的发展潜力，还有许多个性因素，如你是否会理财、是否会花钱等，因此，一个人努力去培养自身各种能力是十分必要的，只有你具备了各种积累资本的能力后，你才可能获得更多的财富。你所看到的商界中的成功者，表面上可能普普通通，骨子里都是神通广大，很有本事的。试想，没有丰富的经验，没有过人的胆识，没有几分天赋，又怎么能在残酷的市场竞争中过关斩将，击败无数对手，最后胜出呢！

只要你留心观察，会发现你身边就有不少成熟老练的生意人，他们做人的功夫很深，做生意的手段很精，办事说话的水平很高。他们似乎生来就有一种商人的头脑，总能先人一步占领商场先机，能够轻松躲过商路上的陷阱，左右逢源，进退自如。商界风云变幻无常，他们却能够如鱼得水。他们关系顺，成功快，经商达到这种境界，令人钦慕不已，敬畏不已。

但是，一般人只看到了成功者表面的辉煌，殊不知其中倾注了多少心力，绝大多数商界新手，都过于乐观，他们把经商看得太简单，把前途看得太美妙，整天都算计着怎么样赚钱，赚了钱如何花得潇洒，就是没有想到还可能有赚不到钱，甚至破产的一天。他们总是自以为是，盲目蛮干，到头来被撞得头破血流。

其实，无论是初出茅庐的新手，还是久经沙场的老将，要在风云变幻的市场上求得发展，在激烈的竞争中立于不败之地，最大的忌讳就是自以为是，固步自封。市场瞬息万变，有很多知识、技能昨天还能管用，转眼就显得陈旧了。所以，活到老，学到老，不断地学习新知识，借鉴新经验，磨炼新本领，是商人一辈子要做的功课。

经商的道路有千万条，赚钱的方法有千万种，至于采用哪一种方法，还要因人而异，因地而异，因时而异，运用之妙，在于心态。

现在很多创业者都缺乏对一个生意人正确心态的认识。很多人都认为，只要我有本钱，有门面，有好的项目我就能赚钱。但是很多人在创业的途中都失败而归。他们有本钱，他们也有一个不错的门面，项目也还算可以，很多人也不缺乏经营能力，但是为何会失败呢？很多人要到真正失败的时候才能知道其中的原因，但是已经太晚了。

一个广州的创业者，想加盟一个饰品品牌店，店面也选好了，在一个人流量非常大的商业街上。但是他还在犹豫，不敢开，这一犹豫就犹豫了半年多。问其原因，他说，那个商业街上饰品店已经很多了，竞争已经白热化了。虽然自己开的这个也算知名品牌，但是怕开下去赚不到钱，广州那边开店成本也很高，所以就一直不敢行动。我建议他既然你有本钱，为何不考虑到外地，到竞争少点，到市场比较空白的地方去开这你理想中的商店呢。他否认了我的建议，在他看来，到外地开店是一件不可能实现的事情。他认为，在外地人生地不熟，不方便；外地离家太远，跟亲人朋友相距太远生活孤独没意思；在外地开店跟打工没什么区别，也漂泊在异乡。所以他坚决不去外地，就算店面很好，就算能赚钱，也不想考虑去外地开店。看到他的创业心态，我哑然失笑。

创业做生意，是一件严肃的事，是你人生的一份事业；它不是过家家闹着玩。既然你决定要做生意，那就要端正好一个生意人的心态——利益最大化。创业其实最简单的目的就是赚钱。但是很多创业者虽然目的是赚钱，但是他们的心态想法却已经偏离了赚钱这个目的。被其他的一些想法阻挡了他们达到赚钱的目的。去外地创业，很多人接受不了。但是就是你接受不了，很大程度上阻挡了你赚钱的目的实现。

作为一个合格的生意人，如果外地的市场更好，能赚更多的钱，就应该尽可能的克服一切困难到外地捞金。温州商人就是这样的，抱着一个赚钱的目的，他们从温州走到其他省市，走到了其他国家。能让温州人坚持艰苦创业的行动取决于他们对创业目的的坚持，取决于他们对一个商人本质的认识。盈利赚钱是商人的本色。抛开一切，目的就只有盈利。在这种心态下，他们表现出来的是能吃苦，能坚持，不管多艰苦的地方他们都愿意去，只要能赚钱，能盈利。

商人需要系统思维

商人的主要工作是经营与管理，而要干好经营与管理工作，其思维方式十分重要。从某种意义上讲，一个人的思维方式能够决定其事业的成败。同样一件事，有人干成了，有人却失败了，究其根源就是他们的思维方式不同，此所谓“成也在人，败也在人”；对于同一个问题，不同的人都会有不同的看法，有时还会有截然相反的看法，究其根源，除去利害关系的因素外，也是由于不同人的思维方式存在着差异。而人的思维方式决定着人的行为模式，若一个人的行为模式切实可行，则办事就会成功；反之，办事则易失败。

思维科学告诉我们，人的科学思维分为两大类：逻辑思维和非逻辑思维。非逻辑思维又分为形象思维、直觉思维和创造性思维，而把逻辑思维、形象思维和直觉思维称为人的三种基本的思维模式，其他思维模式则可看作这三种基本思维模式的组合。对于生意人来说，研究并掌握系统思维模式更有着现实的意义。

什么叫“系统思维”？我认为，如果一个人的行为模式符合以下三个准则，则可判定该人具有“系统思维”的模式。这三条行为准则如下。

（1）协同准则：目标与达到目标的措施相协同

中国古代有两个著名的寓言，叫“南辕北辙”和“缘木求鱼”，讽刺的就是在干事时所采用的措施与其要达到的目标不匹配的行为模式。具有这种思维模式的人思维是杂乱无章的，这种无序思维是与系统思维格格不入的。

这条准则的表述十分易懂，看似很好做到，其实不然。因为在现实的社会活动中，所采取的措施和想达到的目标相悖的现象俯拾皆是。例如，生意人办公司谁不想挣钱，谁不想盈利，谁不想让自己的公司发展壮大？答案都是肯定的。但实际情况是，在这个世界上每天都有许多公司诞生，同时也有许多公司倒闭；同理，每天都有许多生意人盈利，同时也有更多的生意人亏本，其中也有不少破产者。为什么？究其根源，我们不能不正视这样一个现实：有许多生意人在经营过程中采取了措施与目标相悖的行为模式。因此，协同准则作为中国人思维的一条古老的准则，更应当得到生意人的认同和执行。

（2）有序准则：拟订工作程序和工作标准

协同准则要求生意人的行为要符合逻辑，思维不能自相矛盾，而要井然有序。但这是达到目标的必要条件而不是充分条件，因为协同准则仅回答了“应该干什么？”的问题，而没有回答“具体怎么办？”的问题，而“程序准则”就能回答“怎样把措施和目标统一起来”的问题。为此，一定要紧紧抓住以下四条。

其一，首先要弄清什么是自己的目标？并将目标分解，建立自己的目标体系，使目标体系中的每一个子目标都具有可操作性。例如，生意人无不把“盈利”作为自己的目标，但这仅是个宏观目标，它不具有可操作性，必须将其分解成一个目标体系，使该体系中的每一个子目标都能得到公司内所有员工的理解，从而在公司的运作实践中可以指导每一个员工的行动。不少生意人想“盈利”结果反而“亏本”，没有把“盈利”这个宏观目标分解成易于操作的子目标，而构成一个层次分明的目标体系，不能不说这是一个十分重要的原因。

其二，整理出要达到各级子目标所涉及的诸要素，将其按照时间序列构造成符合逻辑的工作环节，并拟定出完成每一个工作环节所必须达到的工作标准。

其三，用图示的方式设计并描绘出这些工作环节之间的纵横联系。

其四，建立达到目标体系中各个子目标的信息模型，即在电脑上绘制出“工作计划网络图”。该图可以有效的将“计划调度”、“质量控制”和“资金管理”统一起来。

（3）闭环准则：实行闭环控制

闭环准则是在执行有序准则时必须同时执行的一条准则，因为以“工作计划网络图”的形式出现的“达标信息模型”描述的是一个过程，而这种描述又是建立在生意人凭借以往经验对达标过程所做出的预测基础之上的；只要是预测，就不可避免地存在误差。实际情况也正是这样，达到目标的过程在一般情况下是不会一帆风顺的，由于环境条件的变化和随机因素的干扰，适时、适当地变动工作程序中的某些环节或标准都是难免的，有时还要调整某些子程序。因此，要使工作程序和工作标准能适应外界的变化，克服工作进程偏离达标轨道的倾向，使达标过程向着总目标的方向前进，进行控制是必需的。我们知道，控制是通过反馈信息的实时传递来实现的，因此，依据“有序准则”设计的“工作计划网络图”必须是一个信息双向流通的反馈控制系统模型，即闭环控制系统模型。在实际操作过程中，除了一些大型项目之外，没有必要事事绘制“工作计划网络图”，但在处理日常事务之时必须善于回答如下问题。

①你要达到的目标是什么，它由哪些子目标构成？（干什么？）

②为达到这些目标你要采取哪些措施？（怎么办？）

③在达标过程中可能会出现哪些问题，如何应对？（应变对策？）

④万一达不到目标怎么办？（后备方案？）

综上所述，不难看出生意人十分需要系统思维，系统思维也应当成为生意人基本的思维模式。

善与各界搞好关系

生意人如果关系广，自然会财源广进。但事实上也并非每一个人都有必要花时间精力去交结；连孔子也教人“无友不如己者”。但一般来说，创业者应尽量不去得罪别人，在无伤大雅也无损自身的情况之下，不妨处处与人为善，慷慨大方，当然，也不必特意花心思去结交。不过，以下几类人，是每个创业者都一定要搞好关系的。

（1）银行家：最善于做生意的人是不会用自己的真金白银的，那么钱从哪里来？当然最主要的还是银行。与银行家多多交往，一般是不会白费精神的。

（2）大客户：无论有没有生意来往，一定要巴结大客户，今天做不成生意明天还有可能合作。许多生意都是要先吃点小亏的，先来些免费的服务。额外的服务其实是为将来铺路的。

（3）推销员：不论是否要与其做生意，都不要得罪推销员，并且一定要不时接见一下他们，跟他们谈话。俗话说，同行是冤家，你是不会从同行口中知道行业内的秘密的。但推销员实际上是行业中掌握信息最多的人，只要有人跟他们谈，他们是没有义务保守秘密的。因此，即使公司设有采购部门，仍然不能忽视这个情报来源。

（4）竞争对手的员工：这也是重要的情报来源。在对自己有利的情况下，不妨挖别人的墙脚，这是扩大自己、削弱别人一举两得的招数。这样做，至少能使对手疑神疑鬼、上下不和，达到破坏的目的。

（5）材料的供应商：和他们处好关系，你就能在材料未涨价之前入货。这样一来，别家缺料你有料，再加上账期长一点、服务好一点，你的竞争能力就大大增强了。

（6）律师：有官司时他们替你消灾解祸，平时还能为你提供很多免费的咨询服务。

（7）会计师：且不要说帮你做什么手脚，只要他认真替你考虑如何合理避税，你就能捞回票价。

你是不是已经发现了，在前面提到的人中，只有一类是商人，其他的不是高薪阶层便是专业人士？虽然专业人士也可以有自己的公司，但和商人还是有所区别的。这两类人有一个共同之处，就是都有很高、很稳定的收入，但这收入外人很容易估计。创业者的道路其实十分艰难，但他们毕竟通过一个艰辛的创业过程“发”了，而高薪阶层与专业人士就没有这个机会。

专业人士在公司里大多是“高级打工仔”，靠专业一般“发”不到哪里去的。

因此，高薪阶层或专业人士可能会看轻其他人，但其中有头脑的人决不会看轻一个创业者，他今天或许还穷困潦倒、一事无成，但明天他就可能是百万富翁了。

一般人都是势利的，高薪阶层和专业人士当然也不会例外。事实上，在生意往来中，他们会比其他人更加势利，因为他们都想从你身上捞到油水。

根据这个分析，创业者想要结交朋友，其实一点也不难，因为对方也有结交你的意图。实际上，在真正的业务往来中，是你给钱让他们赚，到时候他们一定会主动来结交你。

许多创业者都忽略了这种微妙的关系。试举一个比较极端的例子，一般来说，一家公司只要还有生意可做，还没有明显关门的危险，各界的相关人士就不会毫不留情地“追杀”它。因为即使到了这个地步，他们还是会在心里抱着期望的。当然，我们不能靠这样的好意来做事，但这起码能够说明一个商人的特殊魅力。

商人必备的七种素质

做生意赚钱发财是需要能力素质的，如何提高做生意赚钱发财的能力？像李嘉诚、刘永好、张瑞敏、柳传志等经商成功的例子，教我们经商之道及宏大理念当然是非常必要的，但初入商海学做小生意需要的能力刚好与之相反：短视、生存第一、赚钱第一、机会主义等。作为一个小店及小公司创业的朋友们，或许只需要向我们身边成功做小生意的潮汕人、温州人学一招半式、模仿几个经营技巧、技术层面的学习更有可能创业成功。

生意场本来是要把自己“丑恶”的一面拿出来，要想成为生意人要把自己的高雅情趣、高尚、善良掩藏至自己个人生活中，因为做生意本身就是非常庸俗的事，与高雅一点关系都没有。自古以来提到生意人就和奸商画等号：重利、轻别离、会算计、钻营。而反过来看，这些恰恰是做小生意最需要具备的基本素质。做小生意只须坚守良心、守法，一切均须以趋利避害为最高原则：包括真正生意人的交友都是，如果这个人不能给你带来生意利益，就不要交往。一件事不能给自己带来即时利益，就不要浪费精力与时间去做。

以下标准是更为务实的，特别是很多白领朋友介于是打工还是自己创业的犹豫中，对于自己是否是做生意的料还把握不准，以下标准恰好给你很好的参考（下面标准中其中一些看似负面的、贬义的形容词，你要用中性词的眼光来看），看自己是否是合格的生意人或具备做生意的潜力素质：

（1）算计的能力

算计的能力是一个人做生意最基本的能力。算计能力不仅仅是计算的能力，一个计算机或数学博士往往在商场上计算不过一个没有文化但有经验的生意人，这是非常正常的。

虽然算计的能力首先是对数字的敏感与心算的能力，但这种能力与文化素质、数学能力关联并不是很紧密。小生意一般都是在电话与饭桌上完成，有时候合作方报出一个价来，你要能迅速判断是否对自己有利，还价的价格又计算得比较合理、对方可以接受从而做成生意。如果你说我要考虑一下或者拿出计算器按来按去，你的生意的机会已经失去大半了。

生意的本质是低买高卖，一个不会盘算自己成本的人（低买）、也是不会通过算计抬高自己生意价格的（高卖），基本上做生意没戏。

几年前我曾经给一个刚刚起步做县级房地产生意的小建筑包工头做房地产策划，做市场调查时碰到一个小学没有毕业的修车老板，他要头我们策划地盘的十六分之一比例的商业用地，并要我们当场报价。本来从一个长方形土地切两个相连的小长方形土地，是一个连初中生都会算的简单的数学题，但因为涉及每条边的价值不一样，临街与不临街的土地面积价值不一样，十字路口的土地价值又不一样，各种转让费用也要考虑，对整个房地产项目利弊因素也要考虑。

简单计算题一下子复杂起来。我和我的合作伙伴两个大学生花了整整一天时间研究才算出报价来。我们打电话给老板请示，他沉吟一下，给出了一个最合理但最生意化的算法，就报出了合理的价格，还考虑到税、公关成本等很多因素，而且与修车老板、我们报价大致相一致。两年后这个包工头已经成为江西房地产亿万富翁，那个修车的也成为江西某县最大汽车修配厂的千万级老板。

还有一次，我们策划一个招聘网站与中国最大的现场招聘会进行一次全方位的合作，还拉进南方最大报纸招聘，三家企业合作联合销售一个招聘产品，由于涉及三方利益、业务员提成、竞争对手价格等众多因素，招聘会举办在即，时间紧，我们这帮高级白领加班花了一晚上考虑各种因素才计算出报价来，第二天我们踌躇满志的与那个招聘会老板谈判时（他第一次知道这个合作计划），他想都没有想就报出了三方都可以接受的价格，并证明我们这帮国外硕士、大学高才生的报价是错的且不合理的。

所以，我们有时不得不服气：老板就是老板，打工的就是打工的，即使你做到跨国企业的总裁，由于你是打工的，你的算计能力可能不如一个摆摊的小贩。

最近网上流行的那个 MBA 思考模式的上海的士司机，其成功核心的精髓就是算计能力：算计时间成本、算计等候机会成本、算计汽油成本、算计不同人群等。

一个不会算计、不愿算计、不能算计的人，比如你打牌不愿记牌、算牌，我劝你还是不要打工，不要去创业做生意好了。

（2）钻营的能力

钻营的能力可能比算计的能力更能让一个人做生意赚钱，甚至只要一个人具备非凡的单一的钻营能力素质，不管其他能力如何，就一定会成功。

中国著名保健品美媛春公司被收购后，公司原来的 30 多个分公司经理大多先后辞职创业，但最终只有 1 人创业成功。后来这帮人聚会时，说他这个人钻营能力太强了，做生意不成功都是不可能的。比如，他做药品代理，他钻营到任何普药拿到他面前，他掂量掂量都能知道是什么成分做的，每克成本是多少，盒子是什么纸印刷的，成本是多少，中国有多少这种药，每个厂家经营状况如何。

他的办公室后面有床，一天到晚就钻营研究自己生意上的事，乐此不疲（做生意的人一定要精力旺盛）。有人曾经亲眼见他要印刷海报宣传，2000 元行价的印刷费，他不厌其烦的找了 10 家印刷厂报价，最后将价格压低到 1500 元印刷出来。而且每一个印刷厂的专业人员来谈都只能在他面前做印刷知识的学生，他为了压低他的宣传成本，他已经将印刷每一个环节都钻营研究透了。而做小生意时节约的每一分钱都是利润。其他的人谈到这个人时只能自叹不如，觉得应该让人家赚钱。

钻营能力不仅表现在做生意上，可以说绝大多数在中国能够升官做官的都是钻营高手，他们都是处心积虑的、不放过任何正面业绩提升及负面趋炎附势的钻营机会。

你可能会说我自己的生意自己的血汗钱，当然愿意去深深钻营，但你具备钻营的能力吗？

（3）折腾的能力

不信你观察身边做生意成功赚钱的人，你会发现没有一个人第一次做生意就赚钱的，一般都是经过两次失败才会发达起来，因为生意能力不可能是书本上学习到的，很多时候需要自己去经历体验，经验非常重要。一个普通人经过两次失败后，才会知道做生意是怎么回事。

你能否禁得起折腾，这真的是一种能力。有一位做生意成功的朋友，第一次做环保生意亏得精光，第二次做保健品代理负债经营，第三次做药品代理才成功。

原美媛春老板，中国著名的创业家陈居庚先生，就具有很强的折腾能力：他把一个县级企业美媛春做到 3 个亿的规模，后来卖给银海集团，后来再创办美媛春化妆品，再卖给恒安集团，再次代表润都集团收购美媛春出任总经理，三进三出一个企业。一个创业的生意人就是要会折腾、善于折腾，即使在一些好好的情况下，也要主动折腾一下。

如果你禁不起到处借钱、四处被人追债，失败后的绝望与坚持能力，劝你真的不要去创业经商。善于折腾的人最终才会做生意赚钱。

（4）搞定的能力

做生意赚钱的往往不是有才华、有专业能力的人，往往是能够搞定一切大小事情的人；在中国做任何生意都要面临很多事情，老板都要亲自搞定，不会调配资源、搞定相关资源的人再好的创业项目都不能让你赚钱。

印象最深的是新东方学校创办人俞敏洪创业时的一个细节：他开始办英语培训班时，贴宣传单被工商局的人抓到了要罚钱，后来有人通过关系找到有关工商领导疏通关系，但他一个书生请工商局人吃饭时，整个饭局他一句话也说不出，他完全不懂应酬，尴尬之极。经过这次刻骨铭心的打击，他突然领悟了做生意的真谛，脱胎换骨，重新做人，从一个书生转型成为一个搞定一切事情的生意人，终成大业。如果你平时办什么事情大都能办成，恭喜你，你有做生意的潜力。

（5）江湖的能力

做生意成功的人，无论何种行业，性格上大多带有一些江湖义气的气质。因为做生意很多时候是做人的生意，比如你进货，人家需要支付50%定金，你因为有江湖义气见面熟的能力，人家可能会只让你付30%的定金，因为你的义气气质，你的生意就会比别人有优势。

你做老板，你的员工可能因为你的江湖大哥气质，少一点钱也会死心塌地给你做，做小生意的江湖义气还体现在你会喝一点酒，你懂江湖也意味着你对中国国情及人情世故极为老到，意味着你的庸俗气质能匹配小生意往往是给庸俗人服务的。

如你不懂江湖，幼稚而幻想，整天沉迷于《读者》《知音》《家庭》编造的虚假故事中，也劝你不要去做生意，不要去江湖中混，保持简单而单纯的生活就好了。

（6）刻薄的能力

打工的人都会有这种感觉，为什么天下老板都会这么小气，但小气几乎是生意人成功的法宝，在骨子里不懂小气的人，做生意是不会发财的。

一个判断标准就是：你逛商店，如果你觉得什么都便宜，那你不是一个有成功潜力的生意人；如果你不仅对所有东西脱口而出“太贵了”，而且是发自内心觉得所有东西都贵，且你有动力将所有东西都还价、降价的冲动，那你做老板应该还行。对成本压低孜孜不倦的追求，是生意人的特点，你要觉得永远都有最低的成本。这是一个老板应该有的态度，如果你这个老板都觉得这个价格差不多了，那你的员工也不会为你省钱，你也就很难赚到钱。

对小生意来说，省的钱就是赚的钱，斤斤计较是必须的，并且一直要坚持这个原则，只要你心软一次，以后你和别人生意谈判时就会不断让利，直到你败家为止。

你如果说我不要做一个刻薄、斤斤计较的人，那劝你不要做生意。

（7）现实的能力

一个人要做到对生意上任何事情都保持极为现实的态度或者说唯利是图的态度，也是非常重要的。很多人抱着我做生意要实现什么抱负或理想，一般都不会成功。做生意的唯一与最终的目的就是赚钱。商人不赚钱是不道德的。现在日本年轻人中流行“赚钱是最大的美德”，让人感到世风日下，也反映了从古至今的经商真谛。

几年前，我的一个前上司开了公司，请我吃饭谈他的抱负，以前在公司打工时没有实现的抱负，并拿出新名片给我讲名片公司名称及 Logo 的含义，拿出包里厚厚的规划、规章、制度表示做中国最规范保健品经销商的决心。我对他说，你只要考虑明天能赚几千元钱的现金养活公司就够了，这些以后再说。他不听，结果不到一年就经商失败，现在还在还债。可以说一个起步的商人抱负越大，死得越快，所有有“做中国最好的×××”所谓企业宏图与使命的小企业大都会以失败而告终。那些成功后的商人当然会写自己当初如何宏图远大，但大多不是事实，宣传而已。

但人是有情感、有梦想的人，让一个人保持一个现实、务实的警醒态度是很难的，也是一个人很大的能力。很多人表面是仁义道德、幼稚可笑，但内心骨子里是非常现实的，有时生意的代名词就是现实。

成功商人必备的八条规则

多少人在追问，商人成功的秘诀在哪里？阿拉伯有一则神话，讲到拥有阿拉丁神灯者即可拥有财富，可以心想事成。其实，现代商人企盼的神灯并非遥不可及，它就在商人自己手中。人在江湖，身不由己。但是，有些东西还是需要有原则的，下面这八条规则须一直小心遵守。

（1）坚持看 CCTV－1 新闻联播

要想把握经济命脉，必须关注政局。新闻联播图文并茂，有声有色，着实为中国商人的最佳晴雨表；你可以不看财经报道，也可以不看焦点访谈，如果你不是做石油和外汇的，甚至你都可以不去管类似“9·11”事件和中东局势，但新闻联播你必须看，如果你是一个在中国做生意的商人的话。

（2）输不起的生意不做

在做任何生意以前，你都必须考虑清楚，如果你输了，那么你是否输得起，而不是去考虑你如果赢了会怎样怎样，输不起的事情你最好别做！而考虑输的范围时你也不要只考虑钱财方面，作为半个商人，有些东西你永远都输不起，包括你爱的女人、你的家人、你的江湖地位甚至你的信誉。所以你必须在做任何生意以前全面考虑清楚你究竟输得起输不起，如果输得起，那么 OK，你就义无返顾地去做吧！

（3）给自己留一张底牌

不要把自己手里所有的牌全部亮出来，因为牌局随时会中途停止，而对方也随时会出新的牌，不到最后关键时刻，最好不要亮出你手里最有分量的牌，最后的赢家才是真正的赢家！

（4）有所为也有所不为

有句古话说得好，“毋以善小而不为，毋以恶小而为之”，说的是做人的道理，而生意也是如此：“不要因为利润少就不去做，也不要因为风险小就去做。”而同样在中国，违背道义的事情也坚决不能做。

（5）亲人不干涉公司事务

无论是你老婆还是你父母，都不可以在以你为核心之一的商业团队里有太多插手，因为以你为核心之一的团队接受的是你，而不是你的家庭成员，在你的团队全体成员主动接受并邀请你的家庭成员成为你们团队一员以前，无论你的家庭成员是谁，有多大的本事，或者可以给你们的团队带来多大的前进帮助，都不能成为你让你的家庭成员成为团队一员的理由；而当在你团队（三人或三人以上）里的异性成员一旦与你上了床，那么你必须考虑让对方立刻离开这个团队，要么她（他）另谋高就，要么她（他）成为你的专职情人或者太太（老公），总之，她（他）已经不能继续留在这个团队，所以在团队里不要随便考虑和异性上床或者动情。

（6）不偷税但要学会合理避税

大头小尾的发票最好别开，营业税以及附加的教育基金等你该交多少交多少，增值税你更别动脑子。除此以外的税你掂量掂量自己的分量，具体情况具体对待。企业所得税是可以全部避掉一分钱都不交的，但最好给地税点面子，少交点别一分钱都不交，交多交少你自己看着办；而个人所得税呢，视当地政府给纳税人办了多少实事、是否把咱纳税人真当纳税人看待的具体情况而造工资表吧。

（7）不摆大

切记天外有天，不要在任何场合摆大，哪怕你真的很大，而当对方是个摆大而且肤浅的人。你如果想灭掉他，那么最好随便找块砖头砸他一个跟头，然后你走你的路！但切记，这个砖头一定不是你自己的砖头，而且这个砖头最好和你自己没什么关系。

（8）不求事必躬亲

不要把自己搞的没有时间与朋友交流，更不要让自己没有时间去放松与思考，所以，应该学会让别人去帮你打点生意，处理业务。这样，你就不会成为一名忙碌的救火队员。

绝不做黑心生意

犹太人的《塔木德》指出：山间的清泉每日只取一碗，它仍然清澈见底，而一次吸取干净则会使它永远干涸。这句话的意思是说，经商要着眼于细水长流，绝不能做暴利生意，因为暴利的生意绝不会长久。

美国连锁商店业大王贝尼曾经是一个身无分文的、牧师家长大的孩子。凭着他的经营信念——不给他人添麻烦，却让别人分享利益，他在美国经营了1643间连锁商店。贝尼虽然生长在一个贫困的家庭中，但从小受到的教育是，想要得到的东西，不能依赖人家赠予，一定要自己亲手去争取。

19岁时，贝尼在杂货店里做小工。

他天昏地暗地苦干，最后病倒了。在身体康复之后，他回到杂货店去，照样认真工作。杂货店老板加拉汉和钟斯很欣赏贝尼，答应另外出钱帮助他开设自己的商店。

格玛拉是个以产矿为主的小镇，只有3500人，贝尼决定在这个小镇开店，而且打破赊账的传统惯例，用现款交易，不过，以低廉价格优待顾客。镇上只有一家小银行，负责出纳的费富对贝尼说："这里全是矿工，他们每个月领薪水一次，都用赊账方式，先拿矿场所发给的购物单买生活用品，到发薪水时工资上扣除。你要现款购买，我看不会成功。"贝尼还是照做。他首先寄了500封信给镇上大部分的家庭主妇，声明他的商店是用现款做买卖的，所以能够以最廉宜的价钱出售。

小镇上的家庭主妇，后来都收到过商店的来信，于是对贝尼的现款买卖很感兴趣。开张当天，主妇们发现贝尼果然实现了他在信上所作出的诺言：现钱交易，物美价廉。

贝尼觉得他的物美价廉方法，对社会有好处，坚持做下去。很快地，便从1间开到4间分店，最后在全美国开了1600多间贝尼连锁商店。

贝尼是个讲原则的商人，他在每间商店的招牌上都写着“原则商店”一行大字。

1914年，贝尼订立了他的五大经商原则，被人称为“贝尼的五大致富条件”。这五大原则是：

（1）为了满足顾客的要求，服务要最好；

（2）东西要好，价格必须合理；

（3）不断作检讨，以免经营上犯错；

（4）追求合理利润，绝不做暴利生意；

（5）要时常反省，看自己是否做错什么。

后来，全美国开了1600多家贝尼的原则商店，很多人都成为贝尼连锁商店的老板，生意大、利润好，可以说没有任何一个贝尼集团的人犯过牟取暴利的错误。也正是凭借着他商训的这一信誉和宗旨让他的生意越经营越兴旺。

除了有赚钱的欲望，更应有赔钱的勇气

《塔木德》指出，金钱是山上的树木，诚信是山中的泉水。这句话的意思是说，诚信是经商之本，经商之术要靠诚信之水的浇灌。在犹太人看来，被人信任的第一要素是诚实。诚实是树木的根，没有根，树木也就没有了生命。

美国华尔街金融巨头摩根的祖父，是一位犹太人，也是一位诚实守信的榜样，最初他经营很多行业，后来，老摩根投资参加了一家叫“伊特那火灾”的小型保险公司。当时，保险业刚刚起步，不需要投资一分钱，只要在股东名册上签上姓名即可。投资者在期票上署名后，就能收到投保者交纳的手续费。

然而，在一次续约后，发生了一场特大火灾，投资者个个傻了眼，他们将面临如此巨额的赔偿，于是纷纷表示要放弃他们的股份。老摩根并没有这么做，他认为应该讲信用，于是派人去处理赔偿事务。代理人从纽约回来不仅处理了赔偿，而且取得了很多投保者的信任，带回来了大笔的现款。于是信用可靠的“伊特那火灾”保险公司在纽约名声大振，新的投保金额提高了一倍以上。

老摩根从这次火灾中净赚了 15 万美元。在那个时代，15 万美元可是份巨大的财产，而这些财产的取得应归结于老摩根取得了投保者的信任。

后来，当人们问摩根用人方面最看重的是什么时，他明确回答道：“我们很注重应征者的信义程度。”他说，“一旦你在金钱的使用上有了不良的记录，我们公司就不会雇用你。很多公司也跟我们一样，很注重一个人的品行，并且以此作为晋升任用的标准。即使那个人工作经验丰富、条件又好，我们也不任用。我们有我们自己的用人标准：首先，我们认为一个人除了对家庭要有责任感外，对债权人守信用是最重要的。你在金钱上毁约背信，就表示你在人格上有缺陷。但是，今天很多美国的年轻人却不以为然。他们认为‘银行的钱那么多，即使我不偿还债务也无所谓’或‘每家商店都有上百万资金，我不付款它也倒不了’。但是买东西必须付钱、欠债必须还钱这是天经地义的事。在金钱上不守信用，简直与偷窃无异。其次，如果一个人在金钱上不守诺言，他对任何事都不会守信用。再次，一个没有诚意信守诺言的人，他在工作岗位上必定也会玩忽职守。最后，一个连本身的财务问题都无法解决的人，我们是不任用的。因为多次的财务困难很容易导致一个人去偷窃和挪用公款。在金钱方面有不良记录的人，犯罪率是一般人的十倍。当我们支出金钱时，要诚实守信，这一点也同样适用于我们做人处事。”

这位犹太商人的用人标准说明了这样一个问题：诚实是衡量人品行的一把尺子。这把尺子，无论在古今中外，它适用于对一切人的检验，诚实守信不仅是一个人品行的证明，同时，它还使人树立起对家庭、对社会的强烈责任感。

日本证券公司的创业者、小池银行和东京瓦斯公司的董事长小池国三，就是以诚实起家的。小池 13 岁时背井离乡，在一个小商店做店员，同时，替一家机器公司做推销员。

一次，他推销机器十分顺利，半个月与 33 位顾客签订了合同。后来，他发现他卖的机器比其他公司出品的同样性能的机器价格要高。这时，他想到自己所签约的客户如果知道了，一定会感到后悔。

于是小池立即带着合同和订金，用了三天时间，逐户进行老老实实的说明，请客户废止合同。这种诚实的做法，使客户很受感动。结果，33 位顾客之中没有一人废约。同时，他们加深了对小池的信赖和敬佩。客户像小铁片一样被吸引了，纷纷前来与他订货。不久，小池就创建了自己的证券公司。他的成功也说明诚实守信确实是一个人的立身之本。

第三章　生意的生命是互利双赢

“不做赔本的买卖”“无利不起早”“无商不奸”，这些俗语无一不道出了商人唯利是图的本质。在这个世界上，除了老子对儿子的无偿奉献外，买卖的双方一厢情愿地单边营利的事情是绝对没有的。在商场上做生意自己永远赚大头，永远只赚不亏，这是生意人的幻想和浅薄。商人都以营利为目的，没有哪一个商人甘愿永远与人做赔本的买卖，记住：交易中，只有双方获利才是让双方都能接受的，否则买卖是做不成的，共赢才是买卖得以维系的根本。

有钱要与大家一起赚才行

有句俗话叫做“同行是冤家”。成为冤家的同行大多会两败俱伤，因此，“有钱大家一起赚”成了许多同行奉行的一条行事规则。如果你不小心犯了忌，在同行中就会寸步难行。

晚清巨商胡雪岩在湖州城开办丝行的例子给了我们很好的启示。

胡雪岩是依靠时任湖州知府王有龄的势力起家的。王有龄在湖州府衙大堂刚刚坐定，胡雪岩的丝行也在湖州城开张了。胡雪岩原本以为凭借知府大人的权势，湖州百姓自会源源不断地将生丝送到丝行来，但开张几月，门可罗雀。眼见同业丝行生意兴隆，自己却无丝可收，胡雪岩猜测其中必定有什么蹊跷，便派了一个贴心伙计四处打听，到底是谁在从中作祟。没过几日，小伙计满载而归，把打探的消息告诉胡雪岩。

原来，湖州的丝行一向统归顺生堂调遣。顺生堂虽是民间会社，来历却非同一般。

湖州顺生堂打出“安清顺民”的旗号，保境安民，排解纠纷，官府对它并不反感，时时还要借重它安抚民心，防止变乱。顺生堂在湖州的主要财源，便是垄断生丝收购。湖州盛产生丝，每到收丝季节，顺生堂便派出人员，保护商道安全，维护丝行秩序。丝行同业按一定比例缴纳保护费，大家相安无事，各不侵犯。胡雪岩贸然开设丝行，触犯了顺生堂的利益，虽然顺生堂慑于知府权势，不敢公开同他作对，但是在暗地里通知养蚕人家，不得卖丝给胡雪岩。顺生堂的命令，在湖州百姓心目中有如圣旨，违抗不得，若有违反，便是违犯了洪门家法，轻则棍打、挂铁牌，重则活埋、凌迟、三刀六洞。

胡雪岩了解到上述情况后，暗暗责备自己粗心大意，竟忘了江湖弟兄们的存在。有道是到了乡门，先拜土地，顺生堂便是湖州的土地神，没有它的首肯，胡雪岩一个子儿也甭想拿走。于是，胡雪岩备下厚礼，前去顺生堂拜见堂主尹大麻子。

胡雪岩在来之前，早已把当地收丝行情打听得一清二楚。按时价，当地每担上好生丝也不过二两银子，而据他掌握的情况，上海洋商出口到英伦三岛的生丝启运价每担即超过十两银子，两地相差五倍之多。胡雪岩为洋商利润之高而咋舌。他发现洋商在湖州压价收丝，固然是因为湖州交通不便，消息闭塞，被洋人钻了空子，更是因为顺生堂为维护当地秩序，获得稳定财源而听任洋人压价，被逼无奈。为此，胡雪岩打算同尹大麻子携手合作，垄断生丝收购，把洋人挤出湖州，便可同洋人讨价还价，提高生丝价码。

尹大麻子并不傻，他明知洋人收丝压价，只是苦于没有好搭档合作，无力垄断生丝市场。所以当胡雪岩主动提出双方联合起来、共同对付洋人时，尹大麻子犹如遇到知音，脑中一亮。以胡雪岩的财力，加上知府为后台，顺生堂若和他携手，自然是极为理想。一旦垄断成功，顺生堂的财源将如滚滚巨流，前景极为诱人。于是，刚才还板着面孔的尹大麻子立刻放下架子，向胡雪岩致歉认输。

按理说胡雪岩可以依仗王有龄湖州知府的大权逼迫尹大麻子就范，可他并没有这样做。他是一名商人，商人就要按照商人的方法去做。“有钱大家赚，别人才会认同你。”

善于进行商业合作

与所有的其他行业一样，任何商业活动都是一种群体的合作活动，有时在表面上看好像只是一对一的行为，但离开了暗中的一系列操作，任何一对一的活动都是毫无意义的。

经商赚钱是一个复杂的过程，其中买卖双方或多方的合作就成了必不可少的环节，如何做到互惠互利、共享共荣呢？在这方面，成功的实业家李嘉诚的道路非常有借鉴作用。

李嘉诚是一个朋友众多的商人，也是一个善于与朋友合作的商人，在怎样与朋友一起做生意这方面，他有着一整套心得体会。举例来说，在投资北京王府井建设的项目中，他与马来西亚富商郭鹤年的合作就十分有成效。谈到合作，李嘉诚认为以下三点很重要。

(1) 互惠互利，共渡难关

李嘉诚认为，当贸易的双方都遵守互惠原则时，就会演变成自由贸易的关系；反之，若有一方不遵守互惠原则，就会形成保护主义。向对方敞开大门，既有利于吸收对方的有利方面，也有利于发挥自己的优势，可以说，这是一个十分有效的商业原则。从商业的发展来说，企业结盟的最大一股推动力是市场和技术。

在过去，不同的技术各自独立发展，很少重叠。今天，几乎没有一门技术和一个领域还是这种情形，即使是大公司的研究部门，都没有办法供应公司需要的一切技术。所以，制药公司必须和遗传学家结盟，电脑硬件公司必须和软件公司结盟。技术发展愈快，企业也就愈需要结盟。在这种结盟的背景下，技术和信息的交流、资金和人员的渗透都会给自己的公司和伙伴公司带来巨大的活力，并极大限度地降低自己的经营成本，商业合作的必要和意义就在于此。

（2）选择盟友要共享共荣

李嘉诚认为，商业合作应该有助于竞争。联合以后，竞争力自然增强了，对付相同的竞争对手则更加容易获得胜利。但是，有许多公司之间的所谓联合只是一种表面形式，在利益上并没有达到共享共荣，这种情况往往就容易让对手从内部攻破而导致失败。

战国时，魏国在选择联合对象时所注意的一点是“远交近攻”。韩、魏、齐三国结成同盟，打算进攻楚国。但楚、秦乃是同盟，不小心谨慎行事，秦国就会出兵。因此，三国先向楚派出了使者，表明了友好的态度，提出进攻秦国的建议。三国的提议，对楚国来说是收回曾被秦国掠夺领土的好机会。楚国答应了这个建议的情况被传到了秦国后，韩、魏、齐三国先向楚发起了进攻，但秦国却坐视不管，于是获得了全胜。楚、秦二国就是因在选择合作伙伴时的不慎，付出了沉重的代价。由此可知，商业合作必须有三大前提，一是双方必须有可以合作的利益，二是必须有可以合作的意愿，三是双方必须有共享共荣的打算。此三者缺一不可。

（3）分利于人则人我共兴

对于经商，古今中外，无一不是以谋求利益为目的的，所以古语说：“天下熙熙，皆为利来；天下攘攘，皆为利往。”千百年来，商人们抱定一个宗旨：无利不起早，没有利润的事情是商人们所不愿意涉足的。因此，李嘉诚在生意合作中是主张分利与人、人我共兴的。

当然，与李嘉诚抱有一样态度的香港商人并不在少数，例如，香港地产巨子郭得胜的憨厚微笑和细心经营。在创业之初，微笑使他周围的邻居不再感到陌生，生意也日渐好起来。他批发的华洋杂货及工业原料，价格都很适中，街坊都说“他是个老实商人”。说也奇怪，人越老实，客户越喜欢跟他做生意。生意做大了，他便又向东南亚拓展市场。没多久，街坊便不再称他郭先生，改称他是“洋杂大王”了。

实践证明，在经商中善于与人合作的人多是成功者，否则就会把生意做得日渐衰落。

处理好公司与股东的关系

股东关系是指企业与投资者之间的关系。股东是企业的投资者，持有企业发行的不同份额的股票或债券，或者是直接参与企业集资的合伙人。它包括三个层次：董事会、董事局；广大股东；金融舆论专家。

从本质上说，股东关系属于内部关系；从形式上看，股东关系好像是外部关系。其实，股东关系是一种分散于外部的内部关系。

股东是一群具有“老板意识”的人。在今天的股份制企业中，股东是企业的“财源”，也是企业的“权源”所在。

由此可知，股东对企业的发展有着很大的影响。股东关系到企业的财源，又是企业内部关系的重要内容之一。企业想要正常地运转、顺利地发展，就需要与股东之间保持良好的关系。良好的股东关系在企业中起着非常重要的作用。

（1）良好的股东关系能够保障稳定的基金来源

股东关系一般有两个基本的目标：一是维持已有的股东，使他们坚守信念，不轻易退股或转让股权；二是吸引更多的新股东，为企业的发展提供资金来源。众所周知，资金是企业运行的“润滑剂”，特别是在市场竞争日趋激烈的情况下，企业要增强自身的竞争力，就必须有充裕的财力作保障。而股东的经济导向性和选择性最强，他们完全用经济的眼光来看待同企业的关系。股东的红利是企业利润的一个组成部分，它取决于企业利润的多少，因此股东的经济利益与企业的经济利益是紧密相关的。

因此，良好的股东关系可以使现有股东和潜在股东了解企业、信任企业，创造良好的投资环境，稳定和扩大股东的队伍，最大限度地满足企业生产经营对资金的需求，扩大企业的社会财源。

美国丹尼电器公司是由多个股东共同投资兴建的。它十分注重与股东的关系，经常邀请一些大股东来公司参观，并定期向股东汇报公司的经营状况和财务状况，及时地满足股东的各种要求，从而与股东维持了良好的关系。营业几年后，公司原有的股东不仅无一人撤股，反而有好几位股东增加了自己的入股量并介绍自己的朋友前来入股。公司的资金来源得到了丰富与扩大，财源得到了保证，从而促进了公司的壮大与发展。

（2）良好的股东关系有利于增强企业投资决策的科学性

企业的发展需要大量的投资。企业投资是为了保证企业的生存和发展，创造更多的物质财富，也就是所谓的“用财就是为了生财”。要使企业投资真正达到生财的目的，就要注意投资的经济效益，就要正确地确定投资的方向，选择投资少、见效快、收益大的投资项目。要做到这一点，就要做好投资决策工作。

股东关系的正确处理，能够促使股东为企业的投资决策出谋划策，提供投资信息。这当然有利于提高企业投资决策的科学性，为企业的长远发展打下坚实的基础。

可口可乐公司准备投资开发新配方的可口可乐，但是，由于原配方的可口可乐已经深入人心，被人们熟知和喜爱，并且原配方的可口可乐占据了大份额的市场，公司担心新配方的可口可乐投资不但不会盈利，而且很可能会影响公司的声誉，从而影响公司原来产品的销售，使公司受损。于是，公司决定召开股东大会，对此项目进行研究和讨论，以决定是否开发新配方的可口可乐。

在股东大会上，股东纷纷发表观点，把各自对市场的了解及信息全部摆了出来，共同协商。所有股东一致同意后，公司才决定投资该项目，并根据股东的意见对原投资计划进行了修改。新产品出现在市场上以后，以其独特的、不同于原配方的口味受到了人们的喜爱，销售状况良好。

在良好的股东关系的推动下，可口可乐公司投资的新项目获得了巨大的利润，使公司得到了迅猛发展。

（3）良好的股东关系也有利于促销产品

企业开展公关虽然不能直接为企业推销产品，但是它能为企业扩大市场，促进产品的销售。

股东关系是企业内部公关的一个重要组成部分，其在促进企业产品销售方面有着特殊的作用。作为企业的实际所有者，股东和企业有着“一荣俱荣，一损俱损”的利害关系。因此，他们就会想企业之所想，急企业之所急。同时，他们又是企业产品的第一消费者，自然而然地就成为与企业同舟共济的推销伙伴。

美国通用食品公司是美国最大的食品公司之一。每逢圣诞节，公司就会向股东赠送一套本公司生产的罐头或其他食品的样品。

为此，股东感到十分自豪。他们会极力地向外人炫耀和推荐本公司的产品。不但如此，每年圣诞节前，他们都会准备好一份详细的名单寄给公司，让公司按名单把这些食品作为礼物寄给他们的亲戚朋友。

这种方法很有效。每到圣诞节来临之前，通用食品公司都会收到额外的大批订单。这就真正实现了股东的投资、消费、推销一体化，不但加强了企业与股东的联系，还使企业获得了很大的经济效益与社会效益。

这就是良好的股东关系为企业带来的利益与好处。股东关系的好坏，在一定程度上决定着企业的存亡。因此，每个公司都应学会正确处理股东关系，妥善处理股东关系也就成为企业公关部门的一项重要职责。

那么，如何建立良好的股东关系呢？

俗话说得好，创业难，守业更难。如果企业现有的股东出现了抛售或者转让股票与债券的行为，则会使企业内部乱了阵脚，更谈不上吸引新股东了。因此，坚定股东的信心，加强与股东的信息沟通，才是企业的高明之举。

股东并不能完全了解所投资企业的具体的业务状况。当企业身处逆境时，许多股东就不知所措了。因此，公关部门要加强与股东之间的信息沟通。

企业的公关部门应该经常地、主动地向股东提供其想知道的感兴趣的资料。作为企业的投资者，股东关心企业也就是关心他们所投入的资金。股东与企业的关系主要是一种“投资—分利”的关系，而股东所感兴趣的问题也是紧紧围绕这个关系展开的。企业的公关部门应该一五一十地向股东提供企业生产经营的信息，绝对不能报喜不报忧。倘若对企业中存在的问题遮遮掩掩，长此以往，势必会丧失股东对企业的信任。

企业与股东沟通信息的方式多种多样，大致有以下几种。

编制年度报告。这是企业处理股东关系最重要的工作。年度报告逐渐成为企业发给员工、顾客和新闻媒体重要的参考资料。

召开股东大会。股东大会是股东对企业的“审判日”，是企业与股东直接沟通的重要方式。这种方式的优点就在于企业可以与股东直接接触，便于相互交换意见。

信函来往。这是一种与股东交换意见、联络感情的好方法，既可以与较近的股东进行沟通，又可以与较远的股东进行沟通。

召开临时性会议。这种方法可用于企业的周年庆典等，企业和股东可以趁此机会进行重大问题的决策。

要与股东建立良好的关系，除了与股东进行信息沟通外，还要尊重股东的优越感，以公正平等的态度对待股东。

作为企业的投资者，股东无论投资多少，都是企业的“老板”，其优越感是比较强的。企业的公关人员要尊重股东的这种优越感，不可完全用经济的眼光来看待股东，更不能把股东与企业的关系看成是纯粹的“投资—分利”的关系。要让股东感觉受尊重，让他们感觉自己与企业的命运是紧紧联系在一起的。

企业对股东要一视同仁，以公正平等的态度来看待股东。无论出资是多还是少，股东都是企业的“财源”。企业对待股东，不可厚此薄彼，让人觉得“认钱不认人”。

股东是企业的“财源”与“权源”。企业要在竞争中占据有利的地位，就需要有充足的财力作保障，而股东正是企业财力的来源。因此，在与股东的交往中，企业就必须与股东保持良好的关系。

创造良好的投资环境，稳定现有的股东，不断地吸引新的股东加入企业，扩大股东队伍，是一个企业“聚财”的根本。

股东与企业，就像“源”与“流”。源头越多，河里的水越多；一旦源头没了，河流就会枯竭。在处理股东与企业之间的关系时，企业唯有认真负责、坦诚相待，才能获得企业的信任，才能使“源头常在，河水常流”。

同行是同一棵树上的叶子

既然做的是同一行当，就注定是吃同一个锅里的饭，饭多还无所谓，饭少了就会产生竞争，这是商场规律。当面临这种情形时切莫把同行当冤家，残酷的排挤、打压对谁都没有好处，斗的结果只能是两败俱伤。

生意场上的竞争是非常激烈的，在生意人中间，经常存在一种敏感、微妙的情绪，人们表面上亲亲热热，假如你的生意经营得不怎么样，大家还可以相安无事，但是如果你比其他人强些，这些人就有可能在背后联手，把你搞垮，你千万要小心。即使是你的朋友、合伙人，有时也会被这种嫉妒心理冲昏头脑。嫉妒之心，是人之常情，是自私的属性，我们每个人都或多或少具有这种嫉妒之心。在日常的交谈中，“我知道某公司有了麻烦”这类的话总是比“我听说某公司生意很旺”的话多得多，幸灾乐祸的话总比唱赞歌入耳。

正所谓防人之心不可无，害人之心不可有。当嫉妒进入竞争领域的时候会变得极其有害，其危险之处是它使我们只想到自己好——不是通过搞好自己的生意，而是通过搞垮我们的对手。老是希望别人倒霉的人，在生意上一定不是个行家，很难取得更大的成功。别人垮掉了，除了满足你自己的自私欲望外，实际上你没有得到任何收益。请记着：你仅仅是个小生意人而已！你并没有足够的力量改变整个市场的格局。

譬如说，你经营的饭店价高、质劣、服务差，顾客自然都跑到你旁边的饭店去了。假如有那么一天你暗中的咒骂应验了，一场火烧了你旁边的几家饭店，你的营业也一定好不到哪里去，人们宁可多走几步，到远一点儿的饭店。而且，过不了多久，你就会发现，你旁边又重新冒起几家饭店，你面对的境况会与从前一样，如果你要彻底改变现状的话，你会发现不是消灭对手，而只能是在提高服务和质量上找出路。

俗语道，“同行如冤家”。其实并非如此。

经营小生意，资金少、难题多，稍有不慎，便会蚀本倒闭。故此，生意人要想维持一定的价格和市场占有率，和竞争对手搏杀不是明智之举，反而是联合在一起，在价格、范围等方面达成一定的默契，才能共享其利，共存共荣，皆大欢喜。

生意人应遵循这样一个原则：只要是有利可图的交易，你赚一百元，别人赚一千元，对于你来讲也是成功的。这个道理其实很简单，如果你不让别人赚一千元，你自己连那一百元也赚不到。

如果绞尽脑汁相互拼杀，最后只能是两败俱伤。曾有两间门对门的杂货店，店主为了招揽顾客，相互展开了一场压价大战，把自家商店的商品价格一降再降。可是，连续的降价，反使顾客以为他们的商品是假冒伪劣品而敬而远之了。如果我们在竞争中遇到了劲敌，而采取以下的做法可能会更好一些。

（1）顾客在你的店或厂里没有买到想要的商品时，你能够把他介绍到自己的竞争对手那里去。

（2）对手的经营发生危机时，你能向他伸出援助之手，而不是乘人之危，落井下石。

（3）做宣传广告时，不贬低对手。

（4）同行前来参观时，热情接待，任其观看、询问。

（5）和竞争对手保持融洽的关系，经常上门探访，交流各种经营和商品讯息。

要知道，商场中的同行是一损俱损一荣俱荣的关系。

不要为了小利润而伤大和气

大家都知道“和气生财”这句话，但并不是每个生意人都真正懂得它的真谛。同样是做买卖，为何有的人赚钱，有的人亏本？生意人除了要会“买”，还要会“卖”。而要想“卖”得好，首先就得对顾客客气，“和气生财”一点不假。

有一家经营鞋子的小店，原先由母子二人换着守店做生意。母亲是营业员出身，又“下海”多年，和气待客已成了职业习惯。顾客进店，她笑脸相迎，“欢迎光临”脱口而出，一下子就赢得了顾客的好感。顾客挑挑拣拣，问这问那，她一脸灿烂，有问必答；顾客讨价还价，她耐心解释，大都能在轻松愉快的气氛中成交。遇着砍价太离谱的顾客时，她也不会“老脸”，笑着说：“请到别处看看，货比三家，欢迎再来。”货真价实的商品、热情周到的服务，小店因此赢得不少回头客。母亲坐店，门庭若市。

年轻不经事的儿子执柜时，情况则完全相反。顾客进门，他神情淡漠，金口不开，摆出一副“老板”架式。顾客挑挑拣拣时，他往往很不耐烦，顾客见状往往扫兴而去；顾客砍价低了，他会骂对方“开荤”，因此，儿子守店时，隔三差五就会引发顾客闹店堂的事情。如此几次，店里的生意日渐冷清。母亲不得不雇人守店，让儿子干别的事。

同样的店面、同样的货品、同样的顾客，但不一样的待客态度就会产生迥异的结果。

在日本的许多商店，门口的营业员（礼仪小姐）没等你进门就开口说，“欢迎光临，请多多关照”，继而鞠躬，让你觉得欠下情义。这种推销术很得顾客的欢心，因此，顾客走进去后总要买些商品还情。有的推销员从中得到启迪，开口闭口地“谢谢您”，不仅扩大了业务，而且培养了感情。

有位电脑推销员业务成绩一直很好，他的推销诀窍是在各种不同场合审时度势地反复使用一句话：“谢谢。”推销员开始说：“先生你一定知道，这种电脑最近改进很大。”对方随便回答说：“大概知道一点。”“谢谢你，那么你是否要试试看？这机器用途很多。”“我并没有说你带来的东西没有用。”“谢谢你。”推销员等对方稍有肯定性的意思表示出来，马上用“谢谢你”接上。也许有人会说：“像我这种人，也许不需要这东西。”对这种否定性回答，他也诚恳地连连说：“谢谢你。”最后对方不由得露出笑容说：“虽然这样向我道谢，可是……”不过这时他已没有什么抵抗力，开始对这种电脑产生了试试看的想法。其实，高明的推销员不止这一位，有时顾客只是随便遛遛商店，店主也说“感谢你光顾本店”，顾客很自然地产生欠下情义的感觉。就人的感情来说，对外界的诚恳和热情是很敏感的。当心理上有了亏欠的感觉时，就会想办法来弥补。产生亏欠心理，心理抵抗力就会减弱和消失。

对于彬彬有礼、礼貌非凡的推销员和营业员，任何一个人都无法把他们拒之门外，有的顾客主动接受，有的顾客被动还清亏欠。总之，诚心致谢会让许多人慷慨解囊，会使许多人萌发同情心。

诚心致谢是一种心理投资，它不需要很大代价，却能收到极好的效果，是一种非常实用的生意经。

对生意人来说，“和气”是一种修为，也是一种经商的手段，一定要贯彻在生意的全过程中。须知，和气能生财！

能够共赢才能真赢

做生意总想自己吃独食、好处占尽，恨不得所有的钱都自己赚，这种“单赢”的思想害处极大，它会让一个生意人变得贪得无厌，最终这种贪得无厌会毁了他的形象，毁了他的生意。

犹太人著作《塔木德》中说，如果真正给别人提供了方便，你也一定会从中受益。如果不顾他人的利益，只知道往自己的荷包里塞钱，那么，总有一天会有人将你的钱从荷包里掏走。

精明的犹太人在处理利益时，特别善于做到两头赢利，皆大欢喜。因为他们明白，两头赢利的生意不但能使对方欢喜，更能为自己争取更大的利益。犹太人认为，一个人如果光想着自己的利益，只知往自己的口袋里塞钱，那么，当对方知道自己的利益受到了严重的损害时，他们便会义无反顾地与你断绝生意上的往来，到那时，你就得不偿失了。所以，好生意要尽量做到两头赢利。

阿曼是从以色列到美国来的阿曼家族的第一代。他在美国南方做了一段时间的行商之后，跟他的两个弟弟伊曼纽尔和迈耶一起在亚拉巴马的蒙哥利马定居下来，当上了杂货店的老板。该地本是一个产棉区，农民手里多的是棉花，但没有现金去买日用杂货，于是阿曼就用杂货去交换棉花。结果，这种方式使双方都皆大欢喜，农民得到了需要的商品，他也卖掉了杂货。

这种方式，乍看上去与犹太人“现金第一”的经营原则不符，但这却是阿曼兄弟“一笔生意，两头盈利”的绝招。这种方式不仅吸引了所有没有钱买日用品的顾客，扩大了销售，而且有利于阿曼兄弟降低棉花价格，提高日用品的价格，并且使杂货店本来应去进货之际，顺便把棉花捎出去，避免了单程进货，更省下不少运输费。

没过多久，阿曼兄弟便由杂货店小老板发展成经营大宗棉花生意的商人，棉花典当成了他们的主要业务。美国南北战争期间，阿曼兄弟在伦敦推销邦联的商务，在欧洲大陆推销棉花，战后，他们在纽约开办了一个事务所，并于1877年在纽约交易所中取得了一个席位，成为一个“果菜类农产品、棉花、油料代办商”，并从此走上了规模化发展的道路。

毋庸讳言，最好的生意莫过于别人得利了，你也挣钱了。这样你高兴，别人也高兴，皆大欢喜。如果仅仅是单方面得益，另一方面受损，即使最好的生意也不会好得长久。

在利益一致中寻求合作

做生意寻求合作是难免的，要想在合作中不出或者少出差错，就得先找到合作的基础，即共同的利益。

要想由小做大，必须争取尽可能多的人合作，而按现代经营理念，利益一致才有真诚的合作。因此，首先要了解合作的利益问题，这包括下属的利益与外来合作伙伴的利益。

李嘉诚恰恰在这个问题上解决得很好。

李嘉诚不但重用下属，而且很顾及他们的利益，当事业有发展的时候，会及时让下属分享利益。

例如，马世民离职前，在和黄公司的年薪及分红共计有1000万港元，这个数字相当于当时的港督彭定康年薪的四倍多。至于马世民的其他非经常性收入，则很难计算。

李嘉诚为了增强下属对集团的归属感，往往会给他们以低价购入长实系股票的机会。

就在马世民离职的9月中，他用每股8.19港元的价格购入160多万股长实股票，当日就以23.84港元的市价出手，转手间就净赚2500多万港元。

商人在商言商，皆为利来。

李嘉诚懂得体恤下属，让下属分享利益，从而使集团形成了更强的凝聚力。

在与合作伙伴的利益交往中，李嘉诚也很善于为他人谋利，做得仁至义尽。

在大规模的商业竞争中，李嘉诚最擅长的就是与朋友合作，既使对方有利可图，又能在合作中壮大自己。当有人问李嘉诚，经商多年，最引以为荣的是什么事情，他说不是击败对手，而是“我有很多合作伙伴，合作后，仍有来往。比如投得地铁公司那块地皮，是因为知道地铁公司需要现金……你要首先想对方的利益。为什么要和他合作？你要说服他，跟自己合作都有钱赚”。

与李嘉诚合作最多的是包玉刚、李兆基等，在合作过程中，李嘉诚一方面使朋友得到了实际的利益；另一方面也逐渐在合作中占据了主导地位，成为合作中的大赢家。例如，在与船王包玉刚合作收购九龙仓时，包玉刚得到了李嘉诚的帮助而夺得了九龙仓的控制权，而李嘉诚也在这次收购中兵不血刃，大赚了一把，既赢得了名声，又得到了好处。

李嘉诚指出，现代经济的发展已进入了一个新阶段，在这个阶段中，企业间的竞争关系已较过去有所不同。他认为，同行企业间存在着竞争关系，为了取得市场竞争的胜利，或为了维护现有市场，使企业生存下去，有必要与同行的其他一些企业搞互利互助的联盟，这样可以增加力量，有助于在市场中战胜强大的对手。在进入 20 世纪 80 年代之后，李嘉诚经常联合香港及新加坡、马来西亚的华资集团，统一向占据香港大部分江山的英资集团发起商战，这一策略的成功运用使香港的英资集团不得不节节败退。

既联合又竞争，这样的策略在国际企业中也经常运用。德国 20 世纪初有两家有名的汽车制造公司，一家是奔驰，另一家是戴姆勒，两家是竞争对手。第一次世界大战以后，美国汽车制造业兴起，对德国汽车制造业构成了极大的威胁。为此，这两家竞争对手携手联合，于 1926 年组成戴姆勒—奔驰股份有限公司，并成功地维护了德国汽车市场。

美国著名的“可口可乐”公司进入中国市场后，采取了与中国几家饮料厂搞联合，合作生产“可口可乐”饮料的方式。双方的合作是平等、互利、互惠的，合同期一般为 10 年，由美方免费提供设备和技术，中方提供劳动力和厂房，中方用外汇购买美方饮料浓缩液，稀释灌装后在国内销售，收入全归中方。在中国的广告费由双方平均分摊。这样，可口可乐公司在巨大的中国市场销售了"可口可乐"浓缩液，而这几家中国的饮料厂也因加工生产"可口可乐"饮料而获利甚丰。

利益一致，既是一种胸怀，也是一种商业策略。在商必言利，没有共同的利益，又怎么会有齐心协力的合作呢？做事之前先给合作者一个利益的激励，人家才会干得有劲，而自己的利益也就尽在其中了。

商家与商家的合作是以谋取利益为目的的，处理双方的关系自然也要以利益作为准绳，这也是长久合作的保证。

在战场上，同一个战壕的战友之间共生死同存亡，每一个人都要勇敢地去战斗，才能取得共同的胜利。

商场如战场，在做生意的过程中，合作双方在沟通与合作时，如果让对方知道你和他有着共同的利益，往往可以迅速地拉近彼此间的距离，进而成为彼此的支持者，双方结成利益同盟，以争取共同的利益，就会收到更好的效果。

第四章　人脉决定财脉

现代社会的发展已经显示，在技术、资金、人力资源的生产力三要素中，人力资源的重要性越来越凸显，人们对人力资源重要性的认识也越来越深刻。人是生产当中最为活跃的因素，离开了人，一切物质的东西都是死的东西，是不能发挥作用的废品。正是在这一点上，戴尔·卡耐基说：“专业知识在一个人成功中的作用只占15%，而其余的85%则取决于人际关系。”所以，在现代商业社会中，一个人要想聚财，就先要聚人；有了人气，才会有财气；积累了人脉资源，才会有成功的可能。

人脉是一笔无形资产

人脉资源是一种潜在的无形资产，是一种潜在的财富。表面上看来，它不是直接的财富，可没有它，就很难聚敛财富。不是吗？即使你拥有很扎实的专业知识，而且是个彬彬有礼的君子，还具有雄辩的口才，却不一定能够成功地促成一次商谈。但如果有一位关键人物协助你，为你开开金口，相信你的出击一定会完美无缺，百发百中！

人脉资源越丰富，赚钱的门路也就越多；你的人脉档次越高，你的钱就来得越快、越多。这已经是有目共睹不争的事实！

当你想要开创自己的事业时，必须具备哪些条件呢？

首先便是资金。而资金在银行里。

技术呢？这也不用担心，因为有人以贩卖技术为生，所以你当然也能够买得到。即使找不到，和其他公司进行技术合作也是可行的。

所以，事业开展最重要的因素，而且经常是成功与否的关键，便是人。

人、技术、资金这三大条件的核心就是“人”。如果你有足够丰富的人脉资源，那么资金和技术问题就能迎刃而解了。所以“人”才是担负起你事业成功的关键。

“人”才是决定你事业成功的关键。

即使现在你尚没有开创自己事业的念头，你只是一个业务员，你一定经常会有“如果我有足够多的关系，一定可以更加顺利地完成这件工作”“如果和那位关键人物能够牵扯上任何关系，做起事来可以方便多了”的感触吧。因为，只要我们和那些关键人物有所联系，当有事情想要去拜托他或是与其商量讨论时，总是能够得到很好的回应。

这种与关键人物取得联系的有利条件，就是“人脉力量”。事实上，人脉资源越宽广，做起事来就越方便。每个业务人士都希望那些有影响力的大人物能够助己一臂之力，使自己在事业的发展上，能够少遇些障碍。

可见，搭建丰富有效的人脉资源是我们到达成功彼岸的不二法门，是一笔看不见的无形资产！

所以，你在公司工作最大的收获不只是你赚了多少钱，积累了多少经验，而更重要的是你认识了多少人，结识了多少朋友，积累了多少人脉资源。这种人脉资源不仅对你在公司工作时有用，即使你以后离开了这个公司，还会发生作用，成为你创业的重大资产。拥有它之后，你知道你在创业过程中一旦遇到什么困难，你该打电话给谁。

假设你是个业务员，那么，你的最大收获就不只是工资、提成以及职务的升迁，更重要的是你积累起来的人脉资源。它是你终身受用的无形资产和潜在财富！

把生意网建立在关系网的基础之上

成功者大多拥有强大的关系网。关系网由各种不同的朋友组成，有知己，有新友，有男，有女，有前辈同辈晚辈，有身份高的，有身份低的，有不同行业的，有不同特长的，有不同地方的……这样的关系网，才是一个比较全面的网络，也就是说，在这个网络中，应该有各式各样的朋友，他们能够从不同的角度为你提供不同的帮助；当然，你也要根据他们不同的需要为他们提供不同的帮助。这才是关系网应当具有的特征。

关系网被称作“网”，自然具有网的特点。也就是说，在这个网上，朋友的构成有点有面，分布均匀。有的人交友的范围十分狭窄，朋友分布十分不均，他们只认识自己熟悉范围内的一些人，而这些人的行业和特长都比较单一，这样就构不成一张标准的关系网了。

不同的行业和不同的爱好也会对交友形成比较大的影响。假如你是商人，你周围的朋友大多也是商人；其他各行各业都可以依此类推。这就是我们在编织关系网时常常会遇到的局限，这种局限会影响到关系网的“使用价值”和质量。假如你是一名商人，那么你有没有必要结交政界的朋友、打通在政界的路子呢？回答当然是肯定的。政界朋友的帮助是必不可少的，缺少他们的帮助，你很可能会遇到很多单靠自己的能量很难克服的困难。

这就要求你交朋友不能太单一化，不能只结交和自己具有相同兴趣爱好的人。正是因为你在某一方面有特长、喜好和优势，才更需要有意地结交与你的特长、喜好、优势有差别的人。

广泛的社会关系是机遇的源泉。社会关系越广泛，遇到机遇的概率就越高。许多机遇就是在与朋友的交往中出现的。有时，甚至是在你不经意的时候，朋友的一句话、朋友的帮助和关心等都可能化作难得的机遇。在很多情况下，就是靠朋友的推荐、朋友提供的信息和其他多方面的帮助，人们才获得了难得的机遇。因此，从这个意义上说，关系越广泛，机遇就越多。但切记不可急功近利。许多机遇是在交往过程中出现的，而在交往初期，人们很可能没有看到这种机遇。在这个时候，不要因为没有看到交往的价值，就淡化甚至放弃这种交往。谁知道与谁的交往会带来更大的机遇呢？

实际上，你的“关系网”远比你所意识到的要广泛得多。曾经和你一起工作过的人们，你的同学和校友，你整个大家庭的成员，你遇到过的孩子的父母，你在参加研讨会或其他会议时遇到的人，这些人都会是你的网络成员。

有句谚语说得好，每个人距总统只有六个人的距离。你认识一些人，他们又认识一些人，而这些人又认识另外的一些人……这种连锁反应能够一直延续到总统的椭圆形办公室。如果你仅仅距总统六个人的距离，那么你距任何你想会见的人也就只有六个人的距离，不管他是一家公司的总经理，还是好莱坞的制作人，还是你想使其加入你的团队并支持你的名人。

每个人都喜欢跟自己喜欢的人做生意，而且愿意帮助自己喜欢的人。

这种关系不是一两天就能建立起来的，它需要花费多年的时间和精力才能发展起来。你要与同事以及生意伙伴一起打高尔夫球，参加社区的筹集活动，加入乡村俱乐部和一些商业组织。所有这些投入都是在为建立自己的网络做充分的准备。

确定一下你想在哪个领域多学些知识和经验。也许你计划开始做保险业务，或者是想成为一名文学家，或在国际互联网上销售一种新的信息产品。那么，谁能够向你提供你所需要的专业知识呢？这时，尽量列出潜在的可以利用的资源。如果他是你公司的某个人，那就靠近那个人；你还可以不断地与你小圈子里的人进行交流，问他们是否结识这个领域的一些人。通常，你得到的名字往往能够引出其他的提名，这样延伸下去，你就能找到你想要见的人。如果你的每一条道路都走到了死胡同，那么就做一些调查来发现你需要的人。找一些最近写过那个领域文章的人，给他们每个人写封信或是发封电子邮件告诉他们，你的问题是什么；你可以用这种办法方便地与某个大学的教授或者某个公司的总裁等各种各样的人建立起直接的联系。请求他们向你推荐可能帮助你的人，或给你提供其他的资料。即使是比尔·盖茨，你也能通过电子邮件找到他。你要学会充分利用现代的通信技术，而且最重要的是，心动之后要立即行动。

有了人脉就如同与财脉挂上了钩

在经商活动中，很多人是利用人脉而获利的，这是因为在许多情况下，生意上能否获利或成交不取决于商业行为本身而取决于人际上的关系。

谁能把结交朋友与利用朋友这个问题处理得好，谁就能借助来自各方朋友的力量成就一番自己的事业。

有句话叫："生意好做，伙计难找。"伙计不易找，而一个运筹帷幄的朋友就更难求了。寻找一位能独当一面、协助自己成功的朋友尤为困难。

美国著名的百货公司萨耶·卢贝克公司的创始人之一理查德·萨耶本是做小生意的。他做梦也没有想到最后生意能做得这么大。因为他没有什么能凭借的实力。要说优势的话就是他善于寻找和利用朋友。萨耶起初在明尼苏达州一条铁路上当运送货物的代理商。这种代理商有共同的烦恼：有时收货人嫌货不好，拒收送到的货物；若再将货物带回，就会倒赔一笔运费。后来萨耶改运送货物的方式为邮寄。这样不仅退货率大为降低还为买主增加了便利。这种"函购、邮寄"的方式获得了意外的成功。但要从中获大利的话，他的生意必须扩大规模，否则，别人利用他创造的这种经营方法，很可能赶到他前面去。他饱尝了"伙计难找"的滋味。挑选了将近五年，终于找到了一个叫卢贝克的人，以两人姓氏为名的世界性的大企业"萨耶·卢贝克公司"终于诞生了。两人密切合作，公司第一年的营业额就比萨耶独自一人时增加将近10倍，达40万美元。第二年的发展更快，这种发展速度不仅为两人始料未及，而且使他俩明显地感到力不从心了。卢贝克说：

"我们何不请一个有才能的人参加我们的生意?"

萨耶一直把当年发现卢贝克看成是一大快事，对他的这个建议由衷赞许：但要为上百万元的生意找个经营人，又谈何容易。不久，他们就有些泄气了，这种大将之才，实在是鬼雄人杰，本来就是很稀少的，即便真有这种人才，恐怕也早被别人拉走了。萨耶和卢贝克几次三番谋划，决定开阔视野，到一般的小商人中去寻找。这也是因为大公司的经理一般不屑于经营他们的"杂货铺"，而在平凡的人物中选拔适当人才委以重任，他一定会尽全力报效，不会像重金礼聘的知名人物，即便请来了，也只是抱着"帮帮忙"的心理。

终于有一天，一个经常来这里进货的布贩子进入了他们的视线。那天，萨耶与卢贝克正好路过一家布店，只见人群拥挤，争先恐后地在抢购。等他们走近一看，才知道比任何人想象中的都绝。店门前贴着的大纸上写道：衣料已售完，明日有新货进来。那些拥挤抢购的女人，唯恐明天买不到，在预先交钱。伙计解释说，这种法国衣料原料不多，难以大量供应。萨耶知道这种布料进的不多，但并非因为缺少原料，而是因为销路不好没有再继续进口。看到对女人心理如此巧妙的运用，以缺货来吊时髦女人的胃口，他实在觉得这个布贩手法高人一筹，令人折服。

"虽然不知他长的什么样，也不知他是老是少，但我几乎可以肯定，这个人就是我们要找的人!"萨耶和卢贝克都这样认为。然而，当他俩与店主见面时，却大出意外，不禁面面相觑。原来他就是经常到他们店里贩布的路华德。他们彼此已认识好几年，从没有深谈过，并且路华德也从未有过什么特别的举动，因此萨耶和卢贝克对他也就没有什么特殊的印象，直到这次，他们把对方细细打量一番，才发觉他的目光中有一种说不出的神采飞扬，具有强大的吸引力。寒暄之后，萨耶开门见山："我们想请你参加我们的生意，坦白地说，想请你去当总经理。"

当上总经理的路华德为报知遇之恩，天天废寝忘食地工作，果然取得了惊人的成就。萨耶·卢贝克公司声誉日隆，十年之中，营业额竟增加了600多倍。一时间，该公司拥有30万员工，每年的售货额将近70亿美元。对于零售行业，这简直是个不可思议的天文数字。萨耶就是这样借着朋友之力取得后来的成功，如果当年他不发现和利用人才，不与卢贝克和路华德合作，今天的他也许还做着小本生意赚些小钱。

其实，现实中有许多看起来很能干的人，但究其实质来看这种人本身并不一定有什么出类拔萃的异能，也许还是个极平凡的人，只不过是他善于利用人脉罢了。所以，从广义上讲，无论是内行或外行，如果你善于利用人脉在商业活动中就像在创造基业一样，像刘邦能利用张良和萧何那样，也一样会轻松获得成功的。

人脉是事业发展的情报站

在这个信息发达的时代，拥有无限发达的信息，就拥有无限发展的可能性。信息来自你的情报站，情报站就是你的人脉网，人脉有多广，情报就有多广，这是你事业无限发展的平台。

“人脉”有多广，情报就有多广。

商场上称人脉信息为“情报”。一个生意人怎样获得工作上必需的情报呢？我们所知的最有效的方法是：①经常看报；②与人建立良好关系；③养成读书习惯。换句话说，生意人最重要的情报来源是“人”。对他们来说，“人的情报”无疑比“铅字情报”重要得多。越是一流的经营人才，越重视这种“人的情报”，越能为自己的发展带来方便。

日本三洋电机的总裁龟山太一郎就是很好的例子。他被同行誉为“情报人”，对于情报的汇集别有心得，最有趣的是他自创一格的“情报槽”理论。他说：“一般汇集情报，有从人身上、从事物身上获得两个来源。我主张从人身上加以汇集。如此一来，资料建档之后随时可以活用，对方也随时会有反应，就好像把活鱼放回鱼槽中一样。把情报养在情报槽里，它才能随时吸收到足够的营养。”

把人的情报比喻成鱼非常有趣。一位有名的评论家也说：“我每一次访问都像烧一条鱼一样，什么样的鱼可以在什么市场买到，应该怎么烹调最好，我得先弄清楚。”对于生意人来说，如何从人身上得到情报及处理情报，这样的工作，其实是和编辑人一样的。许多记者都知道：在没有新闻时，设法找个话题和人聊聊。生意人也是这样。也许没有办法随时外出，那就利用电话来跟朋友们讨教吧！

日本前外相宫泽喜一有个闻名的“电话智囊团”。宫泽在碰到记者穷追不舍时，往往要求给予一个小时的时间考虑。如果碰巧在夜里，则只要一通电话就可以得到满意的答复，这些答复来自他的10 名智囊团成员。这也就是我们所谓的“人的情报”。

一个人思考的时代已经过去了，建立品质优良的人脉网为你提供情报，成了决定工作成败的关键。

在我们的工作和生活中，可以作为智囊的朋友，大抵可分为以下三类。

第一类提供我们有关工作情报和意见的，称为“情报提供者”。这种人大都从事记者、杂志和书籍的编辑、广告和公关工作，即使你不频频相扰，对方也会经常提供宝贵的意见，像上述的“电话智囊”就是这一类。

第二类提供我们有关工作方式和生活态度的意见，称为“顾问”。这种人多半是专家，甚至是本行内的第一人，我们可以把他们视为前辈或师长。

第三类则与工作无直接关系，称为“游伴”。原则上不是同行，通常是我们在参加研讨会、同乡会和各种社团认识的，有些也是“酒友”。他们不但可以是“后援者”，有时甚至是我们的“监护人”。

“人的情报”比“字的情报”重要得多。

先交朋友后谈生意是个聪明的选择

生意人要想在谈判桌上与对手顺利达成协议，签订合约，你必须掌握一些必要的方法和措施，比如，先和谈判桌对面的对手交朋友可说是一个屡试不爽、非常有效的方法。

要想在谈判桌上先套交情，交朋友，后谈判，你首先要做到以下几个要点。

（1）创造友好的谈判气氛，寒暄要恰到好处

谈判时，跟对方搞好关系，增进友谊，对谈判是最有益的。很多时候，谈判双方由于各自带有一定的目的与使命，往往对陌生的对方抱有各种猜疑、防备的心理，更有甚者还抱有敌对情绪。在这种情况下，想要创造良好的谈判气氛，就要与对方加强感情沟通，消除双方的隔阂，与对方交朋友。

一坐到谈判桌前，你就应努力创造一种热情友好、轻松愉快的洽谈气氛，从而消除对方的猜疑、警惕、紧张心理，这对以后双方诚恳洽谈、互相信任、友好地达成协议起很大作用。

要为建立融洽的谈判气氛埋下伏笔，正式谈判前的寒暄是十分必要的，它是开动谈判机器奇妙的“润滑剂”，是减少双方心理障碍有效的“催化剂”。

谈判前高水平的寒暄不仅是沟通语言交流的渠道，还能为以后谈判的顺利开展创造良好的气氛和条件。

寒暄要恰到好处。寒暄是融洽气氛、沟通感情的重要方式。

寒暄时应主动热情、大方得体，力求先入为主地向对方传达有声和无声的信息，借此表达出自己对对方的热情、友好、关心与信任，也显现出对谈判的真诚期望并信心十足，这可以给对方留下鲜

明、深刻的第一印象，它甚至可以迅速地改变原来对手对我方的某些不大好的旧印象。

寒暄的内容可以是多方面的，但最好是令人轻松愉快的、非业务性的。比如，谈到双方的家乡、阅历、家庭、旅游过的地方、风土人情、趣事逸闻、爱好专长、时事新闻等。又如，双方有过一段合作的经历或共同认识的朋友，也可以通过共同的回顾与交流来找到双方的共同点、联系点。通过上述话题的寒暄，往往比较容易引发双方某方面的共鸣，发现共同的兴趣，引起双方心灵的共鸣，为正式会谈奠定良好的感情基础。

（2）顾全对方面子，与对方交朋友

谈判与推销一样，既是一种竞争，又是一种合作。在谈判活动中，人们既要维护自己的利益，也要维护自己的尊严。不仅希望交易能达成有利的协议，也希望体现自身的价值与维护自己的面子。因此，在谈判中能否尊重对方，不仅会影响到对方的心态、情绪，影响到对方合作的态度，而且会影响到双方日后发展合作的前景。对方如果觉得自己在谈判中受到尊重，往往会变得更友好、宽容、热情而易于合作。相反，如果对方的自尊心受到伤害，他常常会变得冷淡、消极、不服气或恼怒，甚至会反唇相讥以示愤怒，个别气量狭小者还有可能不顾一切后果图谋报复。这对今天的谈判与明天的合作都是一个很大的创伤。因此，一个优秀的谈判者应当充分意识到，顾全对方面子，不仅是眼前达成谈判协议，实现友好合作的需要，而且是树立谈判者个人形象乃至企业美好形象，发展长期合作关系的需要。如果只图一时之快，不惜损害对方的面子与自尊，将会使谈判以失败而告终。

在谈判中要顾全对方的面子，处处表现出对对方彬彬有礼，显示出对对方不同观点、意见的理解与尊重，在谈判每个环节的发言中把握分寸，留有余地，尽量减少不必要的误会与矛盾。只要双方有了较深的感情，谈判就有了良好的基础。

一位曾经长期与日本商界打交道的德国商人说："同日本人做生意，从商务谈判开始，很像两个相扑手，在角逐前面对面地对峙。他们先要十分礼貌地相互行庄重的、绝对必要的屈膝礼，然后再搞一套烦琐的仪式，向每个角落撒盐，多次鞠躬，作出表示敬意的各样动作……他们在进行自我准备的同时，相互不断地注视对方，调整呼吸，聚积力量。当双方确认已作好了充分准备之后，这时，也只能在这时才猛地向对方扑去。"

德国商人生动地道出了日本商人谦恭有礼背后的精明、独到和老练之处。被誉为"人际关系专家"的日本人，他们的"笑脸相迎"和彬彬有礼、友好之情，就能达到"以礼求让，以情求利"的目的。

因此，在商务谈判中，要学会与谈判对手友好沟通，联络感情，成为朋友，从而使谈判轻松自如，达到预定的目的。

张利代表公司与一家公司谈判。张利所在的公司委托这家公司加工生产汽车零件，因原材料价格上涨了一倍，这家公司提出汽车零件工价也要上涨一倍。

张利和对方进行了多次谈判，但对方立场坚定，态度强硬，任他磨破嘴皮，对方就是不改初衷。

在这种陷入僵局的情况下，张利与他们暂时停止谈判，邀对方吃饭，一起旅游。在旅途中，双方没有谈及任何有关谈判的事，而是进行感情交流，只谈一些无关的话题，几天下来，双方成了无话不谈的好朋友。

当再次坐到谈判桌上的时候，对方作出了让步，对张利说："咱们已经是好朋友了，我们是不会让朋友吃亏的，你定个价格，我签字就是了。"结果一件相当棘手的谈判就圆满解决了。后来，两家公司一直有生意往来，互惠互利，合作得很愉快。

寻找对方感兴趣的话题或是满足对方情感方面的某种需要，就能赢得对方的好感，与对方交上朋友，这是使谈判取得圆满成功的一条捷径。

人脉中多贵人即多财路

生意人必须清楚，自然生成的人脉与为了生意目的主动建立的人脉是不一样的。前者为的是性情相投，后者为的是能给自己提供切实的帮助。因此，在自主建立人脉的过程中，在你的人脉中尽力加进几个愿意帮助你的能量巨大的“贵人”是很重要的。

“贵人”是你生命中的开路先锋，是你事业上的导师。套用他们的成功经验和成功模式，就能使你的事业在极短的时间内产生巨大的效应。他们也会告诉你曾经导致他们失败的错误，会给你指出哪些是你不能犯的错误。他们会让你省下很多“走弯路”的时间和费用，让你从一开始就选对方向。

因此，真正要想成功的创业者必须要有“贵人”相助才行，而贵人当然也不会无缘无故地主动上门，你必须主动寻找机遇，用心建设你的人脉资源网。

天下没有飞不起来的气球，除非是因为它没有被充气；天下没有一辈子都不走运的人，除非他没有足够的人脉基金！如果你的生命中没有一个“贵人”出现，你的事业就会异常艰辛。当然，能够对你有所帮助的人，不是毫无机缘地出现。有人可能凭着机遇获得一份好差事，却不能对它善加利用。只有专注于工作本身、为理想充实自己的人，才会遇到真正的机遇。

从学徒做到洲际大饭店总裁的胡雅特，他的个人成长经历有很多值得生意人仔细回味的地方。

胡雅特是法国最知名的观光旅馆管理人才。可是，当年他初入这行的时候，不仅对这一行一无所知，甚至还带着几分勉强的心情。因为他的工作完全是由他母亲一手安排的，而胡雅特对此毫无兴趣，但他并没有抗拒，只是浑浑噩噩地接受母亲的安排。以这样的态度工作，自然谈不上机遇。

刚入行的时候，胡雅特很不适应，于是想着要离开。但他母亲认为，与其抱着怜悯、同情自己的心理，还不如改变主意，主动去适应。如果一遇到困难就打退堂鼓，那么不论做什么事，最终都会一事无成的。胡雅特最后还是回到训练班，以第一名的成绩毕业，并幸运地进入巴黎柯丽珑大饭店。

刚进去时，胡雅特是一名侍应生，但他知道，观光大饭店接待的是各国人士，如果掌握多种语言，就能在工作中游刃有余。于是，在工作之余，他开始自修英语。三年之后，柯丽珑大饭店要选派几个人到英国实习，胡雅特被选中了。

在英国实习一年回来之后，胡雅特由侍应生升为领班。接着，他又获得了一个到德国广场大饭店实习的机会。当时正值20世纪30年代经济不景气时期，到德国后不久，胡雅特就发现，观光客的人数锐减，大饭店的经营艰难。他开动脑筋，利用广场大饭店过去的旅客资料，设计出一些内容各异的信函，并把信函分别寄给旅客。他的做法为广场大饭店招揽了不少顾客，使饭店平稳地渡过了那段艰苦的时期。他曾经寄出的400多封信函，直到现在还被不少观光企业作为招揽客人的范本。

这时，胡雅特已经熟练地掌握了英语和德语，但他一直没有机会去美国看看，于是他决定请假自费到美国去看一看。经理却决定特准批他休公假，并以公司的名义派他去美国公费考察。

一到美国，胡雅特就主动去拜访华尔道夫大饭店的总裁柏墨尔，并把经理的亲笔信交给他，请他给自己一个见习机会，让他从基层做起。胡雅特最初的工作是擦地板。正是他的态度和做法，给他带来了好运。

有一天，华尔道夫的总裁柏墨尔到餐厅部视察，看到胡雅特正趴在地上擦地板。他跟这位来自法国的青年见过一面，对这个青年的印象颇为深刻。见他在擦地板，柏墨尔不禁大为惊讶。

这次相遇，使胡雅特得到了进入美国观光行业的机会。自此，胡雅特的事业蒸蒸日上。到他干到洲际大饭店总裁的时候，他手下已经有 64 家观光大饭店，其营业范围延伸到世界 45 个国家。

从一些知名的成功人士身上，我们能够发现，他们身上最明显的优秀品质就是超人的交际能力。主动结交“贵人”，建立有效的社交圈，寻求前辈们的指导，对每个人来说都是一项基本的职业技能。

当然，要结交“贵人”，一定要选择最好的、最棒的、最恰当的。他们一定要有影响力，他所代表的公司一定是有发展前景的、有潜力的，而且是正当守法的。

那么，怎样来结交贵人呢？

不断地抛头露面。你主动出击的次数越多，所认识的人也就越多。你认识的人越多，认识“贵人”的几率就越大。

帮生命中的“贵人”做事。环境决定命运，在“贵人”身边做事，你就会学到更多东西。

与生命中的“贵人”一起合作。与马赛跑，不如骑马。站在巨人的肩膀上，成功要来得容易得多。

既然是贵人，那么，在“征服”他们的过程中，你就需要付出更多的努力。不要指望“贵人”会主动找上门来帮助你。你的主动行动是与“贵人”建立联系的前提。

让大老板在自己的人脉网上坐大堂

有的生意人把那些实力雄厚的大老板看得高不可攀，认为自己只是做小生意的，跟人家不是一个档次的，不可能和人家建立什么关系。的确，对许多人来说，如何跟大老板搞好关系，是个令人头痛的问题。下面我们介绍几条实用的技巧。

（1）必须掌握实力关系

普通老板通常很难和大公司的老板或有名的老板会面。但是，若能同他们合作或与他们交上朋友，对你来说，实在是很荣幸、很难得的事情，因为你能因此大开眼界，从他们那里学到许多你平常学不到的东西。

要想和大老板交往，最基础的工作就是要掌握大老板的社会关系。

大老板也是人，不是神，他们也有各种社会关系和各种各样的业务，也有各种各样的性格特征和兴趣爱好。现代的媒体如此发达，只要你留心关注，就一定能够从中了解到一些大老板的情况。

人都有各种各样的社会关系，大老板也不例外。你可以从他的过去、他的经历、他的祖辈父辈、他的亲属朋友等方面认识、了解他。

从业务上了解大老板也是一条捷径。也就是说，你要了解他经营的主要范围和次要范围是哪些，他的分公司都分布在什么地方，这些公司的经营者都是谁，他多长时间查看一次分公司，等等。

你还可以从兴趣爱好方面了解大老板：他喜好什么运动，常参加什么聚会，有哪些休闲娱乐的方式，等等。

总之，如果你想要结交一个大老板但又苦于没有机会，不妨从以上几方面入手，你就不难发现一些机会。

（2）制造特殊的氛围

当你发现了或者创造出与大老板见面的机会后，最重要的便是制造出一种特殊的会面氛围。因为在众多的人物中，也许你只是个不起眼的小卒子，说不定连跟大老板说话的机会都没有。

在共同出席的会议或聚会上，你一定要选择一个尽可能靠近大老板的位置，这样才有可能让他发现你，你才有机会和他搭上关系。

同时要用穿着表现出自己的个性，因为在初次交往中，人们往往从服饰上获得第一印象。因此，你的着装要有个性、有特色，要让人一目了然。

要尽快找准对方的“兴趣点”，找到适当的话题，抓住对方的注意力，激发对方对自己的兴趣。话语力求简洁、个性鲜明。这样才能使对方产生震撼，对你留下较为深刻的第一印象。

（3）运用巧妙的手段

适当展示自己的才能是赢得大老板青睐的重要手段。大老板一般都很爱才。但如果你只是一味地赞同他的意见，对他唯唯诺诺，不敢表达出自己独特的见解，他就会对你产生反感。因此，适当地表现自己的才能会受到大老板的喜爱。当然，你不能太过锋芒毕露，让人产生喧宾夺主的感觉。

赠送别出心裁的礼物是和大老板联络情感的重要方式，这里要具体情况具体分析，礼物不能千篇一律，礼物的选择更不能假手于他人。昂贵的不一定就是好礼品，送礼就是要投其所好。赠送方式也要别出心裁、别具一格；有时，你不妨请他的太太代收，效果可能会出乎意料的好。

写信是交流思想、联络感情的好方式。随着电信事业的发展和电脑的日益普及，大多数人都是通过电话、网络和别人进行沟通联系，书信方式交流变得比较少了。其实，人人都希望自己的朋友在书信里和自己说说悄悄话。在书信里人们不必有过多顾虑，可以敞开心扉进行交流。也许他只需花几分钟就能阅读完的文字，相当于你们几小时面对面的交流，因为书信总是能给人们很大的想象空间。当然你要注意，书信最好亲笔书写，而不能用印刷品代替，否则就会让人觉得你很不真诚。

我们需要在这里明确一点，再大的老板也是从小老板慢慢做起来的，也有七情六欲。只要找准他的软肋，有的放矢，与大老板结交就不再是什么难事了。

第五章　别一见利就眼热

有一位伟人这样形容过利欲熏心的人："如果那里有300%的利润可捞取的话，尽管那上边挂着砍他头的刀，他也会视而不见去捞钱财。"见利就眼热的人，就很像这种利欲熏心的人，在他们的眼里只看得见钱，什么危险、什么亲情、什么道义通通看不见，而这带来的结果是什么呢？没有责任，没有朋友，没有羞耻，没有规则，直至最后没有立足之地。虽说唯利是图是商人的本色，但唯利是图不是见利忘义，义中取利才是实现利润最大化最有效的途径。

不要挡人财路

做生意都是为了赚钱，这无可厚非，因为生活需要钱，没有钱便无法生活了！就算生活已经无虞，但人的欲望是不断增长的，在多数情况下欲望的满足大多是需要用钱来铺路的。钱虽然是人人喜爱的东西，然而，为了自己挣钱却妨碍别人挣钱却是一件很不仗义的事情。

所谓“挡人财路”就是“阻挡别人赚钱、获取利益的机会”。一般来说，“挡人财路”行为的发生有以下几种情形。

与人争夺。当资源有限时，因为你拿多了，我就拿少了，你全部拿了，我便没有了。为了保障自己的利益，便用各种方法去争夺对方的机会。

心生嫉妒。纯粹是嫉妒，看你拿得多，或是我虽然拿得不少，但你拿得比我更多，于是我就起了嫉妒心，让你什么也拿不到。

过分贪欲。没有什么原因，只因认为自己拿得不够多，便挡对方财路，看能不能将之据为已有。

泄愤报复。某人和某人宿来有怨，逮到机会便挡他财路，虽然自己也得不到，但是满足了报复的快感。

挡人财路的原因和手段有很多，但后果都只有一个，那就是引起对方的怀恨。有的立即做出反击的举动，有的则把怨恨埋在心里再伺机下你的绊子。

至少你和对方已有了嫌隙。当然，如果对方不知是你所为则另当别论。

所以，在商场上共同做生意，最好不要挡人财路；别人有了赚钱的机会，不管你心里感受如何，最好不要去从中作梗，你若因为报复、嫉妒而去挡人财路，这事迟早会外露的；如果不影响你的利益，你又何必去设障碍得罪人？

那么，为了自己的利益而挡对方财路总可以吧？我们的建议是：与其挡对方财路，不如自己另辟财路，因为一引起争夺，可能你什么也没得到。如果无其他的财路，那不如共享利益，落个皆大欢喜。

那么，基于正义，能不能挡人财路？

我们不反对任何基于正义来揭发不法获利的行为，但需要考虑如下问题：

我们有没有力量在揭发之后不使自己受到损害；

我们有没有把握有效地制止对方的行为；

我们有没有把握不致泄密而免遭对方的忌恨？

如果答案都是否定的，那么还是明哲保身的好，或者是尽自己的力量成全对方的好事，当对方赚钱的时候还要前去庆贺，这样做的结果恐怕下一个赚钱的就该是自己了。

面对不仁者不宜撕破脸皮

俗话说“既然你不仁也休怪我无义”，但俗话归俗话，而在经商实践中这约定俗成的做法未必会给自己带来什么好结果，相反，只有在任何情况下坚守自己的义，坚守生意人应遵循的规则才能行好商。

太平天国时期清朝政府为了加强各地防备，加紧装备洋枪洋炮，而大商人胡雪岩绝不会放过这个挣钱的机会，胡雪岩向洋人购买洋枪，而且胡雪岩与洋人大体议定每支枪是二十五两银子上下的购进价格。

但结果让胡雪岩出乎意料，浙江炮局的龚振麟父子通过关系，斜插了一杆，以三十二两银子一支的价格与洋人签了一万五千支洋枪的合同，抢走了这笔生意。

本来是自己的生意却被别人抢走，而且对方打下至少每支十二两共十八万两银子的“虚头”以中饱私囊。此事如果换了别人，自然是不会听之任之的。胡雪岩自然也会有所反应，但他采取的却不是以牙还牙的做法，他与朋友嵇鹤龄、裘丰言严密筹划，上串下联，由裘丰言出面向龚家父子展开攻势，终于迫使他们就范，同意拿出五千支由裘丰言经手，每支三十两的价格不变，但他们只要每支二两的手续费。这样，就等于他们让出了五万两银子的好处。

不过在实际运作过程中，胡雪岩却认为不能要这五万两银子。原因很简单，因为五万两银子不是一笔小数目，这实际等于是剜了对方的心头肉，拿了这五万两银子，对方一定会记恨自己，为了钱让对方记恨自己划不来。事实上这笔生意也已经得不到这五万两银子的好处了。因为不管是以裘丰言经手的价格还是以胡雪岩他们原来的报价来做，好处都需减半，只剩两万五千两了，除掉打点抚台衙门的一万两，实落只有一万五千两。就这一万五千两胡雪岩也建议派作三股，裘丰言得两股，剩下五千两给龚家父子，而自己和嵇鹤龄分文不要。

胡雪岩如此处理这桩生意，也许有人不理解。本来是自己的生意，被人抢去如今再夺回来，从道理上讲，这笔生意的好处胡雪岩无论如何是可以拿的。再说做生意就是为赚钱，到手的钱而且还是该拿的钱却不拿，自然是让人不好理解。

但胡雪岩有自己的道理，那就是钱要拿得舒服，拿了以后会不舒服的钱，拿了可能会在生意场中树敌的钱，即使该拿也可不拿。

什么钱拿了会不舒服？简单地说，也就是那些拿了会留后患、会带来不良后果的钱。比如这笔军火生意中的好处，就可能是拿得不舒服的钱。因为在胡雪岩看来，龚家父子之所以肯剜去自己的心头肉，让出五万两银子的好处，实际上是在自己的强烈攻势之下迫不得已的忍痛牺牲，拿了这笔好处，等于与他们结下大怨。对方心怀怨恨，以后寻机报复，这也就等于虽得一笔钱却为自己埋下一“颗”不定时的“炸弹”，留下极大的后患，实在不划算。所以，这是一笔拿了会得罪于同行、结怨于同行的钱，虽然有可拿的道理，胡雪岩也是宁可不拿。

胡雪岩的这一番考虑确实有道理。事实上在这桩生意的运作过程中，龚家父子本就对胡雪岩心存怨恨，正是由于胡雪岩的这一番化解，使龚家父子不仅知道了胡雪岩手段的厉害，而且知道胡雪岩是一个办事极“漂亮”的人物，最后由怨恨转为钦服成了胡雪岩生意场上的朋友。

由此看来，做生意虽然是为了赚钱，但赚什么样的钱以及赚钱的后果也确实不能不谨慎考虑。烫手的钱即使再多也不要拿，这个原则任何一个生意人都应该记取。

应遵循的一个重要原则是，一定要记住别拆对方的台。虽然胡雪岩也认为生意场上并无太多真朋友可言，但毕竟在有共同利益的前提下，双方真诚合作也是有可能的，而这个前提就是让他觉得与你合作放心。

赚钱了要懂得分享

每个精明的生意人心里都非常明白：一个人独吞利益的后果是严重的，这样会引起其他人的反感，从而为下一次合作设置障碍。正确对待所获利益的心态是：感谢、分享、谦卑。

美国有家罗伯德家庭用品公司，八年来生产迅速发展，利润以每年18%—20%的速度增长。这是因为公司建立了利润分享制度，把每年所赚的利润，按规定的比率分配给每一个员工，这就是说，公司赚得越多，员工也就分得越多。员工明白了“水涨船高”的道理，人人奋勇，个个争先，积极生产自不待说，还随时随地地挑剔产品的缺点与毛病，主动加以改进。

俗话说，有福同享，有难同担。当你在工作和副业上干出点名堂，小有成就时，这当然是值得庆幸之事，你也应当为自己高兴。但是有一点，如果这一成绩的取得是大家集体的功劳，或者离不开他人的帮助，那你千万别独占功劳，否则他人会觉得你好大喜功，抢占了他人的功劳，如果某项成绩的取得确实是你个人的努力，当然应该值得高兴，而且他人也会向你祝贺。但对于你来说，千万别高兴得过了头，一来可能会伤害有些人的自尊心；二来现实社会中害“红眼病”的人不少，如果你过分狂喜，可不逼得人家眼红吗？

李红是一家新建大型超市电器部的经理，超市开张的第一个春节，由于电器部的员工个个卖力，营业额超过了超市预定计划的50%，为此，电器部的员工每个人都得到了工资外的提成奖励。除此之外，超市还特别奖励给电器部一份额外奖金，以资鼓励，但李红未将这份资金分给员工而是自己独吞了，他认为自己领导有方付出比别人多，因此多拿奖金是情理之中的事。对此，电器部的员工并未询问她，也没有谈论此事，可是令人不解的是，以后的营业额每月都是下滑。为此，李红不止一次地受到经理的批评，这是李红见利眼热独吞好处的恶果。别独占利益，否则这份利益会给你的人际关系带来障碍。当你获得利益时，应该做到以下几点。

（1）与人分享

即使是口头上的感谢也是一种分享，而且你也可以扩大这种“分享”的对象，反正“礼多人不怪”！当然别人倒并不是非得要分你一杯羹，但你主动与人分享，这让旁人有受尊重的感觉，如果你的荣耀事实上是众人协力完成，那你更不应该忘记这一点。你可以采取多种方式与人分享，如请大家吃几颗糖，或请大家吃一顿饭，吃人嘴软，拿人手短，别人分享了你的荣耀，就不会和你作对了。

（2）感谢他人

要感谢同人的协助，不要认为这都是自己的功劳。尤其要感谢上司，感谢他的提拔、指导、授权。如果实情也是如此，那么你本该如此感谢；如果同人的协助有限，上司也不值得恭维，你的感谢也有必要，虽然显得有点虚伪，但是可以使你避免成为他人的箭靶。为什么很多人上台领奖时，他们首先要讲的话就是：“我很高兴！但我要感谢……”，道理就是如此。这种“口惠而实不至”的感谢虽然缺乏“实质”意义，但听到的人心里都很愉快，也就不会妒忌你了。

（3）为人谦卑

有些人往往一旦获得荣耀，就容易忘了自己是谁，并从此自我膨胀。这种心情是可以理解的，但旁人就遭殃了，他们要忍受你的气焰，却又不敢出声，因为你正在锋头上。可是慢慢的，他们会在工作上有意无意地抵制你，让你碰钉子。因此有了荣耀时，要更加谦卑。不卑不亢不容易，但“卑”绝对胜过“亢”，就算“卑”得过分也没关系，别人看到你如此谦卑，当然不会找你麻烦，和你作对了。

当你获得荣耀时，对他人要更加客气，荣耀越高，头要越低。另外，别老是提及你的荣耀，说得多了，就变成了一种自我吹嘘，既然你的荣耀大家早已经知道，那你何必要总是提及呢？

其实，别独享荣耀，说穿了就是不要去威胁别人的生存空间，因为你的荣耀会让别人变得黯淡，产生一种不安全感。而当你获得荣誉时，你去感谢他人、与人分享、为人谦卑，这正好让他人吃下了一颗定心丸，人性就是这么奇妙，没什么话好说。因此，当你获得荣耀时，一定要记住以上几点。如果你习惯了独享荣耀，那么总有一天你会独吞苦果！

切忌利令智昏见钱不见人

大家共同卖力，而自己利益独享或者是拿大头，的确是开心的事，但是，你想过结果会是什么没有?

人为财死，鸟为食亡。这是在金钱社会中苦苦挣扎而命运各异的人共同发出的叹息，是留给所有生意人的警示。

在人类出现以前，大概是兽类的世界。而自从出现了人类，人类便从混沌中发展成为主宰一切生灵的高级动物。不知在何时，人们发现几只鸟为了一颗果实而自相残杀，然后才有了“鸟为食亡”的感慨。

随着世界的变迁，人与人之间的竞争也趋激烈，人类大概不曾预料到他们会落入鸟类的同一命运。

为了金钱，父子兄弟可以相互残杀，他们无非是为了获得供他们以生存的钱财。人类的无尽欲望又使自己变得更加残忍，侵吞财产之心也随之膨胀。

但是，单靠自己的力量赚钱，这在当今时代似乎越来越难了，甚至可以说是不可能的事情。越来越多的人懂得，要靠大家的协助才能发财赚钱。

然而，并不是每一个人都明晓这个道理。

纯粹从利己角度讲，独占利益确是让人心满意足的事，这也正符合一般人的贪欲膨胀心理。如果天下钱财尽归己有，这种人也不嫌多，真所谓只要有钱，不问来处，钻到钱眼里去了。

有些穷人在还没赚钱前，也许有这样的想法：“等赚了钱，我一定要好好回报他们。”“要是赚了钱，我一定把其中几分之几拿出来，分配给大家。”可是一旦赚了钱，想法则完全变了。稍有良心的，就拿出小之又小的一部分来“犒劳”大家。

他们似乎忘记了要靠大家才能发财的观念，一旦失去了这种观念，人就会变得冷酷、贪心，最后当然要吃大亏。

曾有一位朋友向一家公司董事长推荐一位具有相当水准的人才。他是个赚钱的材料，能力非常强。假若这位董事长能重用他，对公司一定有很大帮助。

果然这位人才备受董事长的信任。他所设计的商品，推出后没多久，就受到大众的欢迎，赚了一大笔钱。

可是，赚了钱的董事长却没有将红利分给这位人才。他得到的仍是固定的月薪而已。

这位人才很快就被另一家同行公司“挖走”，这位人才对那位董事长也疏远了。失去了这位人才，这位董事长也失去了很多赚钱的机会。

这位董事长是位典型的具有独占利益观念的人。也许他明白自己在做什么，可是原始的恋财之心使他原谅了自己。尽管这位董事长有能力又很有经验，但他的贪财之心坏了大事。

避免与人结成仇敌

一般来说，商场上很容易出现为了各自的利益争执不下，甚至争吵不休，或者因为一笔生意受到伤害，从而耿耿于怀的现象。但是，无论如何都没有反目成仇、结成死敌的必要。没有敌人方可无敌，这是一个深刻的哲理。

今天可能因为利益分配不均而争吵，或者为争一单生意搞得两败俱伤。然而，说不定明天又要携手共占市场，互相得利。因此，有经验、有涵养的老板在谈判时总是面带微笑，永远摆出一副坦诚的样子，即使谈判不成，还是把手伸给对方，笑着说："但愿下次合作愉快!"

商场上树敌太多是经营大忌，如果仇家联合起来对付你，或在暗中算计你，你纵有三头六臂，也是难以应付的。

做生意的主要精力应用于如何开拓市场，如何调动资金，如何做广告宣传等方面，要是老在对付别人的暗算与报复，难免会顾此失彼。

中国有句老话：生意不成人情在。商人一般都较圆滑，这也是多年的经验使然。

人与人之间，或许有不共戴天之仇，但在生意场上，这种仇恨一般不至于达到那种地步。只要矛盾并没有发展到你死我活的境况，总是可以化解的。记住：敌意是一点一点增加的，也可以一点一点消灭。中国有句老话：冤仇宜解不宜结。同在一个环境里谋生，低头不见抬头见，还是少结冤家比较有利于自己。不过，化解敌意也需要技巧。

世界很小，若今天被你捉弄的对手，他日也成为你必须合作的伙伴，你将如何面对他？这岂非陷自己于危险境地？要是对方的地位比你高就更不妙，所以何必自制绊脚石？

奉劝你留下一个良好印象，不要做“小人”，所谓“少一个敌人等于多一个朋友”，开开心心地与所有人保持良好的关系，才是上上之策。

你与某人在某事上持不同意见，又互不相让，以致言语上有冲突，如今，你感到后悔不已，希望把坏情况扭转，并愿意向对方道歉，可是，那人似乎仍处于极度失望和困恼当中，让你歉疚更深。

其实，最佳和最有效的策略是，向他简单地道歉：“对不起，我实在有点过分，我保证不会有下次。”

要是你重提旧事，企图狡辩些什么，只会惹来另一次冲突，同时，显得你缺乏诚意，人家日后再也不会相信你了。记着，你的目标是将事情软化下来，与他化敌为友，因此，最好静待对方心情好转或平和些时，正式提出道歉。

要忘记怨恨，是不可能的事，但有一项原则，是你必须要遵守的，那就是无论哪一次结怨，也不要介入生意的讨论范围里，从此只字不提，以免双方公私不分。要是对方先触着疮疤，请平心静气，紧盯着他道：“我不会记着过去不愉快之事，尤其是在工作时间内，以免影响自己的情绪。”

做生意必须记住一点：没有敌人，将使你在商业竞争中左右逢源，将使你所向无敌。

人是钱的主人，这个关系永远不能颠倒

在如今的商场上，几乎每个生意人都惊呼“钱不好赚了”。确实，现今的生意场竞争激烈，如果争得赚钱的机会，谁会轻易放过呢？只恨自己不能一下子就将所有的利润包揽在自己怀里。但这样的赚钱理念是不现实的。

过去，有些生意人为了赚钱，总是想独霸市场，一心想着挤垮同行。他们在处理与同行的关系上，多是互相诋毁、互相攻击、互相欺骗。结果，很少有达到自己目的的。

如今，现代社会的企业，虽然也提倡竞争，鼓励竞争，但竞争的目的是相互推动、相互促进、共同提高、一齐发展。当然，随着经济的发展，市场竞争的加剧，也会出现个别企业之间的反目成仇。

我们已经进入了微利时代，因此，聪明的商人已经知道开始转变自己的经营理念了，那就是“有钱大家赚”，他们善待自己的盟友，也开始善待自己的对手，善待自己的合作伙伴。

在商界，有一种盟友式的合作，他们着眼于长远利益，广交朋友，不为蝇头小利而损人利己，木雕大王张果喜的做法堪称典范。

张果喜在开拓日本市场时，由于善于处理赚钱与同行的关系，很快他便成为日本佛龛市场的领军人物。起初，他的产品是通过日本代理商进入日本市场的。当他取得了一定市场份额之后，聪明的日本商人为了降低进货成本，撇开代理商这一环节，直接找到了张果喜，要求订货，“这怎么行呢？”张果喜果断地拒绝说：“这样我虽然赚的多了，但断绝了代理商的路，这是不合适的，我已经同你们的日本代理商建立了长期合作关系，我不能因为你的报价较高而断了他们的财路，懂吗？”

对此，日本商人大为不解，天下竟有这样傻的人，送上门来的钱都不要，他满腹狐疑地看着张果喜。张果喜说：“你们不会不明白，中国有句俗话说：有饭大家吃，有钱大家赚，你好我好，天长地久。我不想吃独食啊。”为了维护同日本代理商的朋友关系，张果喜毅然拒绝了日本商人直接进货的要求。

日本代理商得知这件事后，对张果喜富有人情味的做法十分欣赏，竖起大拇指称赞他有王者之风，而且，为了感谢张果喜的“义气”，下大力气去推销商品，结果，张果喜不但没有少赚钱，在日本的名声反而更加响亮了。

在商界，为了盟友的利益而牺牲自己眼前利益的人实在不多，只有像张果喜这样富有王者风范的人，才能权衡利弊，周密思考，宁肯放弃自己的部分眼前利益而保持与盟友的良好合作，最终，赢家还是他自己，这叫双赢。

善于“双赢”的企业家是从来都不做损害别人利益的事的。他们从不一见钱就眼热，见利忘义的，而是目光长远，善待盟友。开阔的视野和博大的胸襟，更加有助于他们成为同行业霸主。亚洲首富李嘉诚曾经这样说：“做事要留有余地，不要把事情做绝。有钱大家赚，利润大家分享，这样才会有人愿意合作，假如拿10%的股份是公正的，拿11%也可以，但是，如果只拿9%的股份，就会财源滚滚来。”

李嘉诚的箴言，实在是他大半生以来苦心经商所总结的经验，也是他一生经商所奉行的准则，这个准则值得我们好好去学习。

李嘉诚的经商准则为他在商界赢得了无数朋友，同时也赢得了广大股东和公司员工的信赖与支持。

我们想，李嘉诚的经商准则也应成为一切商人的准则，这样大家才可以在商场上顺畅地实现自己的经营目的。

保持良好的求利心态

生意场上最忌挣钱“两眼一抹黑”，只管自己挣谁都不认识，谁都不顾。这样做的结果就是“一锤子”买卖，再也不会有人理你，更不会与你建立关系了。

香港大亨李嘉诚的长实公司中标获取中区地铁车站上盖发展权，使“高高在上”的汇丰大班沈弼关注起地产“新人”李嘉诚来。他仔细研究了李嘉诚合作的意向材料，拍板确定长实为合作伙伴——此时，与李嘉诚中标地铁上盖不满一个月。1978 年，李嘉诚的事业再攀高峰，与汇丰银行联手合作，重建了位于中区黄金地段的华人行。

说起汇丰，港人无人不晓，港币几乎全是汇丰银行发行的。汇丰的中文全称是“香港上海汇丰银行”，创设于 1864 年，由英国、美国、德国、丹麦和犹太人的洋行出资组成，次年正式开业，后因各股东意见不合，相继退出，成为一间英资银行。现为一家公众持股、在港注册的上市公司，1988 年股东为 19 万人，约占香港人口的 3%，是香港所有权最分散的上市公司。汇丰一直奉行所有权与管理权分离，管理权一直操纵在英籍董事长手中。

当时的汇丰集团董事局常务副主席为沈弼，李嘉诚寻求与汇丰合作发展华人行大厦，正是与沈弼接洽的，两人并由此建立友谊。香港经济界的人常说：“谁结识了汇丰大班，就高攀了财神爷。”

汇丰是香港第一大银行，又是以香港为基地的庞大国际性金融集团。1992 年，收购了英国米特兰银行的汇丰集团，其资产总值达 21000 亿港元，跻身全球 10 大银行之列。1992 年年底在港发行股票总市值为 1399 亿港元，占香港全部上市公司总市值的10.5%。

该年度，集团总盈利为129亿港元。汇丰的声誉，还不仅仅限于其强大的资金实力，它在香港充当了准中央银行的角色，拥有港府特许的发钞权。在数次银行挤提危机中，汇丰不但未受波及，还扮演了“救市”的“白衣骑士”。

李嘉诚与汇丰合作发展旧华人行地盘，业界莫不惊奇李嘉诚“高超的外交手腕”。其实，熟悉李嘉诚的人知道，言行较为拘谨的李嘉诚所争取的这一身份，绝不是靠能言善道巧舌如簧、精明善变的机巧，而靠的是一贯奉行的“诚实”，以及多年建立的“信誉”，尤其是地铁车站上盖发展权一役，使他名声大振，信誉猛增。所有这些，就是他与汇丰合作的基础。

1974年，汇丰银行购得华人行产权。因年代久远，建筑已十分陈旧，更因为华人行位于高楼林立的中环银行区，原来的华人行大楼已日益变成“小矮人”。1976年，汇丰开始拆卸旧华人行，清出地盘，用于发展新的出租物业。

旧华人行的拆卸工作始于1976年2月10日，谁都想与业主汇丰银行合作兴建新华人行。在地产高潮，位于黄金地段的物业，必寸楼寸金。加之华人行在华人中的巨大声誉，华资地产商莫不想参与合作，分一杯羹。李嘉诚便是其中之一，他稳操胜券，果然如愿以偿。

长实与汇丰合组华豪有限公司，以最快的速度重建华人行综合商业大厦，大厦面积24万平方英尺，楼高22层。外墙用不锈钢和随天气变换深浅颜色的玻璃构成。室内气温、湿度、灯光以及防火设施等，全由电脑控制。内装修豪华典雅，集民族风格与现代气息于一体。整个工程耗资2.5亿港元，写字楼与商业铺位全部租出去。

1978年4月25日，华豪公司举行隆重的华人行正式启用典礼，汇丰银行大班沈弼出席典礼，剪彩并发表讲话：“旧华人行拆卸后仅两年多一点时间便兴建新的华人行大厦。这样的建筑速度及效率不仅在香港，在世界也堪称典范。本人参与汇丰银行正好30年，深感本港居民以从事工商业而著称于世，不管与海外公司还是本港公司，均以快捷的工作效率，诚实的商业信用而受人称赞。我可以这样说，新华人行大厦不愧为代表本港水平的出色典范！”

长实与汇丰，都是本工程的开发商，故而沈弼不便“自我吹嘘”。他对港民和新华人行的赞誉，也就是对李嘉诚的赞誉。

先于正式启用的3月23日，长江集团总部迁入皇后大道中29号新华人行大厦。长江集团正式立足大银行、大公司林立的中环，地位更上一层楼。新华人行被人们视为长江集团的招牌大厦。

曾有记者询问他与地铁公司、汇丰银行合作成功的奥秘，李嘉诚道：

“奥秘实在谈不上，我想重要的是首先得顾及对方的利益，不可为自己斤斤计较。对方无利，自己也就无利。要舍得让利使对方得利，这样，最终会为自己带来较大的利益。我母亲从小就教育我不要占小便宜，否则就没有朋友，我想经商的道理也该是这样。”

而真正使李嘉诚取得商业上的成功的重要原因还应归结为他的正确经营和赚钱的理念。

第六章　商场上的竞争拒绝火药味

商场必然有竞争，只有竞争才能促进商业的发展，使消费者得到物美价廉的享受。但商场竞争不同于战场，其本质区别在于商场讲共赢，战场讲生死。市场竞争不是恶性的你死我活，而是一种优势互补，共同发展，这样才能避免两败俱伤。善合作、求共赢、借力使力才是制胜之道。任何一个成功的大企业、大商人，都是善于合作、化干戈为玉帛、化对手为朋友、化竞争为竞合的高手。把自我实现看成是经商的最高目标，把合作看成是经商成功的途径，在竞争中合作，在合作中竞争，你的企业才能做大做强。

竞争要避免“鸡蛋碰石头”的悲剧

高明的生意人，在面对竞争发现自己的实力不行时，就会避开对方再寻新目标，而不是采取你不让我过，我也不让你好过的做法，在力所能及的地方攻击对手，结下仇怨。

做生意有大有小，对于小生意、小公司来说，要和大公司竞争，结果只能是失败。因为大公司完全可以利用资金、技术等方面的优势来打压小公司，而小公司能影响大公司的手段相对来说要少得多。所以，小公司不宜和大公司死顶硬抗，搞“自杀”“爆炸”倒闭了也给对方造成损伤，而要充分利用自己的优势，发挥自己的长处，不断壮大自己，这样才能成功。

前些年，广州市有家亚洲汽水厂，是我国产量最大的一家汽水厂。该厂在从鲜橙中提炼橙油和榨橙汁方面有一套自己独特的工艺，生产技术在国内处于领先水平，产品获得过国家的优质产品奖，深受顾客好评。然而，就在亚洲汽水厂准备扩大生产时，“可口可乐”“百事可乐”等几家大的外国饮料公司登陆中国，在广州建立了自己的生产基地，很快占领了广州饮料市场。面对外国公司在中国抢滩局面，这家企业对形势估计不足，产品一度被挤出市场，公司采取了降价等经营手段仍然没有多大起色。

亚洲汽水厂分析形势后认识到：和“可口可乐”“百事可乐”这样的跨国大公司死拼是不行的，这些公司实力雄厚，和它们竞争只能使自己更加被动甚至破产。于是，公司决定采取迂回战术，不在广州和这些公司搞决战，而是理智地转向内地其他市场。

亚洲汽水厂派出了精干的技术小分队，到省内其他地方和省外的北京、昆明、西安、洛阳、长沙、乌鲁木齐等地建立了17家分厂。这些分厂大都采用合作经营的方式，即由当地出资金、厂房、人员，亚洲厂提供技术援助和制汽水的半成品，分厂向总厂缴纳技术服务费和半成品资金。这样，亚洲汽水迅速在全国各地销售起来，通过这种方式，亚洲汽水的牌子更加响亮了，又重新在广州的饮料市场上崛起。设立分厂，不仅提高了市场占有率，还增强了经济效益。

在当今的商品社会中，市场竞争激烈残酷。小公司要在竞争中求生存、求发展就要寻求各种有利条件，充分利用竞争，审时度势，及时地选择定位，才能改善和提高公司的经营状况。

西安市解放路有一家规模不大的小运输公司，只有几辆车十几个人。过去，他们是等着客户自己来联系业务，然后公司才进行货物的运输，而且不管装卸、损坏。随着竞争的日益激烈，公司认识到，再这样下去，等米下锅，最终只能是丢了饭碗，没米下锅。于是，便派公司的业务员外出联系业务，主动找米下锅，这样一来，公司的业务迅速提高。

附近几家运输公司一看这招十分灵验，也效仿他们的做法。为了生存和发展，这家小运输公司又开动脑筋，主动地开展了对外的业务联络，而且对客户保证：准时、安全、可靠，如果在运输过程中由于运输公司的问题而造成了客户的损失的话，他们负责赔偿。此招一出，客户纷纷而至，生意越来越大。

由于不断推出一些新的服务，提高服务质量，他们为自己求得了生存的机会。经过公司上下的一番努力，他们又推出了一项新的服务，这就是特别运输服务：不仅包装包卸，而且对一些特殊商品，例如，要求很高的鲜、活商品提供特殊服务，保证无损失，及时运到目的地，而这项服务的费用仅仅增加了5%。

这样一来，通过竞争，这个小公司的业务得到了提高，服务质量也越来越好，事业获得了更大发展。

由此可见，在竞争中，即使在原行业被挤兑了，但在新领域仍有路径可走，只要方向正确，完全可以避免“鸡蛋碰石头”的悲剧。

与竞争对手共寻发展之路

在现代商战中，竞争是不可避免的，但不是只有竞争。有时，在谋求共同利益的基础上，商业竞争对手不妨走到一起来，大家坦诚协商，共同发展。

我们说，商场犹如战场，但毕竟不是战场。战场上敌对双方你死我活，不消灭对方就会被对方消灭，而商场不一定如此，为什么非得争个鱼死网破，两败俱伤呢？

大自然中弱肉强食的现象较为普遍，这是出于生存的需要。但人类社会与动物界不同，个人和个人之间、团体和个体之间的依存关系相当紧密，除了战争之外，任何“你死我活”或“你活我死”都是不利的。

经商做生意宜采用“双赢”的竞争策略，这倒不是看轻自己的实力，而是为了现实的需要，任何“单赢”的策略对你都是不利的。

除非对手是个软弱角色，否则你在与对方进行争斗的过程当中，必然会付出很大的心力和成本，而当你打倒对方获得胜利时，你大概也已心力交瘁了，甚至所得还不足以偿付你的损失。

在任何一个行业里竞争，你都不可能将对方绝对毁灭。你的“单赢”策略将引起对方的愤恨，成为你潜在的危机，从此陷入冤冤相报的恶性循环里。

在进行争斗的过程中，也有可能发生意外的情况，而这会影响本是强者的你，使你反胜为败！因此，不管从什么角度来看，那种“你死我活”的争斗从实质利益、长远利益来看都是不利的。你应该活用“双赢”的策略，彼此相依相存。在商业利益上，讲求

“有钱大家赚”，这次你赚，下次他赚，这回他多赚，下回你多赚。

在市场竞争中，谁都想胜不想败。说市场竞争的各公司是“敌手”，因为它们在彼此竞争中带有以下性质。一是保密性。竞争者在一定阶段、一定情况下，都有一定的保密性。二是侦探性。竞争者几乎都在彼此刺探情报，以制定战胜对方的策略。三是获胜性。竞争诸方无一不想胜利，都想获取一定利润，让自己的产品占领市场。四是克“敌”性。假若市场无法容纳下全部竞争者，任何企业都想保存自己而“灭掉”对方。即使市场能容纳下全部竞争者，它们也还是想己强“敌”弱。

虽然竞争公司间有点像战场上的“敌手”，但就其本质来说又是不一样的。这是因为：公司经营的根本目标是为社会做贡献，公司的产品是满足社会需要，公司赚的钱也被国家、公司和员工三者所用，公司间的竞争手段必须是正当、合法的，从这种意义上讲，公司之间完全可以互相帮助、支持和谅解，应该是朋友。

因此，面对激烈的竞争对手，要以友善的态度待之。

市场竞争是激烈的，同行业公司之间的竞争更为激烈。竞争对手在市场上是相通的，不应有冤家路窄之感，而应友善相处，宽容大度。这好比两位武德很高的拳师比武，一方面要分出高低胜负；另一方面又要互相学习和关心，胜者不骄，败者不馁，相互间切磋技艺，共同提高。

在市场竞争中，为了自己的生存发展，竭尽全力与对手竞争是正常的现象。但是，在竞争中一定要运用正当手段，也就是说，只能通过质量、价格、促销等方式进行正大光明的“擂台比武”，一决高低，而不能恶意攻击、造谣中伤、暗箭伤人。

天高任鸟飞，海阔凭鱼跃。市场是广阔的、多元的，一个有灵敏头脑的老板，在已挤满了人的康庄大道上，不必因为自己受挤而妒火中烧，应果断地避开众人，到达光辉的顶点。

在现代社会条件下，市场形势是瞬息万变的。它此时可能对 A 企业有利，彼时又可能对 B 企业有利。因此，生意人应“风物长宜放眼量”，不可以一时胜负论英雄，更不可以一时的失利而迁怒于竞争对手。

以德报怨减少竞争中的火药味

商场中剑拔弩张的竞争气氛就如同战场上两军对垒，枪炮齐鸣，空气中弥漫着火药味。可是如果一方能放下武器，以德报怨，就会发现完全可以有另一种局面：在微笑中共同发展。

商人在商场上活动面临最多的是选择，必须根据自己所处的环境，作出决策。必须摒弃固执，收敛个性，圆滑、通融地接触来自各个方面的碰撞，其中也包括为你的对手祈祷！

罗伯特是加州一个水泥厂的老板，由于经营重合同守信用，所以生意一直火爆。但前不久另一位水泥商莱特也进入加州进行销售。莱特在罗伯特的经销区内定期走访建筑师、承包商，并告诉他们："罗伯特公司的水泥质量不好，公司也不可靠，面临着倒闭。"

罗伯特解释说，他并不认为莱特这样四处造谣能够严重损害他的生意，但这件麻烦事毕竟使他心生无名之火，谁遇到这样一个没有道德的竞争对手都会愤怒。

"有一个星期天的早晨，"罗伯特说，"牧师讲道的主题是：'要施恩给那些故意跟你为难的人。'我当时把每一个字都记了下来，但就在那天下午，莱特那家伙使我失去了九份五万吨水泥的订单。但牧师却叫我以德报怨，化敌为友。"

"第二天下午，当我安排下周活动的日程表时，我发现住在纽约的一位顾客正需要数目不少的水泥。他所需要的水泥型号不是我公司生产的，却与莱特生产出售的水泥型号相同。同时我也确信莱特并不知道有这笔生意。"

"我做不成你也别做！"商业竞争的残酷性本就是你死我活，理所当然应该保密。这是经商之人的普遍心态，更何况莱特那混蛋还无中生有，四处中伤罗伯特。

但罗伯特的做法却出乎常人的意料。

“这使我感到左右为难，”罗伯特说，“如果遵循牧师的忠告，我应该告诉他这笔生意。但一想到莱特在竞争中所采用的卑劣手段，我就……”

罗伯特复杂的心理斗争开始了。

“最后，牧师的忠告盘踞在我心中，也许我想以此事来证明牧师的对错。于是我拿起电话拨通了莱特办公室的号码。”

我们可以想象莱特拿起话筒瞬间的惊愕与尴尬。

“是的，他难堪得说不出一句话来，我很有礼貌地告诉他有关纽约那笔生意的事，”罗伯特说，“有一阵子他结结巴巴说不出话来，但很明显，他发自内心地感激我的帮助。我又答应他打电话给那客户，推荐由他来提供水泥。”

“那结果又如何呢？”有人问。

“噢，我得到惊人的结果！他不但停止散布有关我的谣言，而且把他无法处理的生意交给我做。现在嘛，加州所有的水泥生意已被我俩垄断了。”罗伯特有些手舞足蹈。

报复是甜美的、快意的。给小人予以迎头痛击，想来该是多么痛快。但在商业竞争中，一名商人若将自己的时间和精力浪费在向别人报复的过程中，他只能与成功失之交臂。报复是一把双刃剑，在伤害对手的同时，也不可避免地伤及自己，甚至更为厉害。这对你的声望同样没有任何帮助，不知内情的旁观者还易对你产生误会。

你报复，就证明你已在对手面前失去冷静，失去冷静的人必然失去理智，失去理智的老板又怎能在变幻的商海中审时度势呢？同时，对手也会明白他的所作所为已经伤害到了你。你对他的报复将会使他给你更大的报复，使你蒙受更大的损失。你要消耗更多的时间来进行自我防卫，这样便陷入了漫长的拉锯战之中。在这种情况下，又如何在商场中把握机遇，谋求发展呢？

商界老板应时刻提醒自己：在这个圈子里，其目的就是要让自己的公司发展壮大，增强实力；要做好生意，获得财富，就要建立广泛的社会关系，其中包括与你的对手交朋友。

结一个冤家就相当于堵住了自己的一条退路和进路；如果包容了一个对手，就相当于多交了一个朋友。处于被动地位的你一旦以德报怨，就站在了主动的地位，因为对方也需要接招和应战。

你的举动会超乎对手的意料，他弄不明白你到底是真的友好还是有所企图。如果他足够明事理，一定会接纳你，因为没有谁愿意得到“心胸狭窄”“小肚鸡肠”“为富不仁”的名声。这就有了相互合作的可能。而你将用宽容的姿态，在众人心目中留下胸怀宽广和明智聪慧的印象，从而赢得更多的合作机会。因此，无论从哪个方面说，你都是赢家。

扩张相争也要以和为贵

商场竞争是难免的事。在这个问题上高明商家的看法和做法又显得与众不同。他们认为，有钱大家一起赚，与其为多争一块蛋糕闹得都头破血流，不如大家分而食之。

在香港拍卖场上，曾出现过不少一掷千金、搏尽取胜的事例。大家争来争去，最终都红了眼，变成了赌气，不惜一切代价，不把对方压下去誓不罢休。

而李嘉诚却总是例外，他一直觉得无论是购买土地还是公司，不要认为非得手到擒来不可，今日不买这块地，以后还有别的地皮可买，目的都是在于发展地产赚钱。

李嘉诚在拍卖场上，不仅擅长斗智，而且极善于克制。

每次参加竞投，李嘉诚都会事先认真周密地研究拍卖对象的现有价值和发展价值，然后确定出一个自己的最高价。若超过这一最高价，李嘉诚就会毫不犹豫地果断退出，绝不与人意气相争。

1987 年 11 月 27 日，在股灾渐去、地产渐旺之时，在香港官地拍卖场上许久未曾露面的李嘉诚出现在拍卖场上，格外引人注目，其一举一动、一颦一笑都备受记者瞩目。

这天投拍的这块官地位于九龙湾，面积 24.3 万平方英尺，底价 2 亿港元，每口竞价 500 万港元。李嘉诚一开始便与对手连叫两口，底价连跳两次：2.05 亿、2.1 亿。

“2.15 亿！”这是素有“飞仔”之称的合和公司老板胡应湘叫的价位。

李嘉诚曾与胡应湘有过多次合作。胡应湘是著名的留美土木工程专家，李嘉诚初涉地产之时，还曾请教过他有关地产知识，一来二去之后，两人逐渐成了好友，交情颇深。

李嘉诚回头看了看胡应湘一笑，胡应湘也报之以微笑。此时地价已竞抬到2.6亿。

“3亿!”李嘉诚“擎天一指”举起，连跳8口，一时掀起竞价高潮。

“3.55亿!”胡应湘如河东狮吼，一口急跳11档，再掀高潮，举座皆惊。

俗话说：“商场无父子。”那么，在商场竞争中，自然也会将朋友之谊暂且搁在一边。

拍卖高潮一浪高过一浪。紧接着郑裕彤等地产大豪也不甘寂寞，纷纷加入竞价。

此时，李嘉诚的副手周年茂，悄悄来到胡应湘的副手何炳章身旁，与他低声耳语了几句什么。于是胡应湘不再应价，退出竞投。

当有人叫价到4亿元时，全场哑然，叫价已高出底价一倍，这是拍卖场最为敏感的临界线。

短暂的沉默中，竞投各方都在心中打着算盘。

“4.95亿!”李嘉诚“擎天一指”再次举起，令竞投人咋舌不已。

终于再也无人竞价，一声槌响，这块官地便有了主人。一场竞投战火宣告停息。

李嘉诚随之当场宣布：“此地是我与胡应湘先生联合所得，将用来发展大型国际性商业展览馆。”

当时，有一位地产分析家评论说：“依本人估计，李嘉诚可能事先已把这块官地的最后投价定为5亿。这个价，可以说是竞价各方心目中的最高价。其实，有人会定在4亿，有人会定在4.5亿，各家有各家的算盘。

“此时的李嘉诚，已声名显赫，人所共知的事实是，他染指的土地，开发物业所得盈利往往高出同业。故他出价4.95亿，仍有厚利可图。别人都深感心有余而力不足。

“竞价进入高潮之时，投手很容易出现情绪化，容易冲动，于是便会不管死活，非得做赢家不可。不过这次倒没有这样。如果真是这样，李嘉诚必会退出，以成全对手风头。”

这就是李嘉诚的竞争风格，他始终坚持自己的底线，宁可做输家也不让意气使自己失去理智。

在拍卖场上，李嘉诚及时与胡应湘沟通，使其从竞争对手变成合作伙伴，这种灵活的手腕确实值得借鉴。经商原本是为了谋利，而不是赌气，能让则让，能拉则拉，没有必要把对手硬压下去。

逞一时之气，显一时之威，到头来只能是自己打碎了牙往肚子里咽，自己酿的苦酒自己喝。我们现在的企业家就是缺乏这种进退自如的状态，往往为了某些既得利益拼命争取，到头来甘苦自知。与其那时来收拾残局，甚至造成亏本，倒不如从一开始就克制一些。

共赢的局面多是在双方的妥协下实现的

在商言商，同一行业中大家同争一块蛋糕的事时常发生。对此，正确的态度应是，首先不回避竞争，并积极稳妥地参与竞争。如果有机会以合作的方式共享这块蛋糕，则会更倾向于后者。

我们通过香港“无线”和“亚视”两家电视台从惨烈竞争、唯求独大，到互相让步、互相认同的历程，可以清晰地看出这一竞争策略的生命力。

在卫星电视出现之前，香港已有两家电视台——“无线”和“亚视”。鉴于西方有线电视的发展以及香港电信的垄断地位，港府计划设立第二电信网络，并于1988年正式批准。第二电信网络将提供有线电视和其他非专利电信服务（如移动电话、无线寻呼等）。

已经拥有非专利电信业务的和黄集团捷足先登，迅速与英国大东电报局、香港中信公司等集团组成新财团，力夺第二电信网经营权。李嘉诚看好的是有线电视的广阔前景，有线电视实行向用户收费制，与免费的无线台冲突不大。

1988年2月24日，和黄、中信、大东合组的亚洲卫星公司成立，宣布投资发射、操作经营第一枚专为亚洲提供电信服务的人造卫星，李嘉诚则双管齐下，一手欲夺第二电信网，一手放卫星覆盖亚洲。1989年，港府初步选定包玉刚的九龙仓与郭得胜的新鸿基地产合组的新财团，为第二电信网的经营者。

然而，李嘉诚并未退出角逐。按亚洲卫星以前与中国航天的原有协议，“亚洲卫星一号”人造卫星于1990年4月7日成功发射上天。英国大东电报局执行董事祁敖透露，连同购买卫星、送入轨道以及保险费在内，成本计 1.2 亿美元，三家公司各占 1/3 股权。

“亚洲卫星一号”的原用途是以电话服务为主，由和记通信负责经营。该卫星共 24 个转发器，全部出租年租金为 2500 万美元。而当时的使用率很小，李嘉诚“移花接木”，把未尽其用的卫星改用在刚刚起步的电视计划上。

李嘉诚着手成立了“卫星广播有限公司”（简称“卫视”），李氏家族与和黄占一半的股权。

据统计，全港至少有 15 万座大厦符合安装卫星天线标准。这对九龙仓的有线电视是个莫大的威胁。烽烟四起，很难确认谁最先挑起战火。李泽楷不准许九龙仓打进长实系兴建和管理的大型屋村、大厦楼宇安装有线电视，吴光正则禁止安装卫星天线的持牌公司进入该家族所控的大厦安装碟型天线及室内系统。

1990 年 12 月，李嘉诚的卫星电视正式获得营业牌照，但有两个附加条件：一是不可播放粤语节目；二是不得向用户收取费用。

第一个条件实际上是无线、亚视、有线等三家电视台向港府施加压力的结果。三家的大股东皆有来头，无线有利氏家族、影视大王邵逸夫；亚视有李嘉诚的同乡林伯欣家族、好友郑裕彤家族；有线则是包玉刚与郭炳湘。在商言商，在重大利益上谁都不肯做谦谦君子。

“亚洲卫星一号”覆盖面从地中海至西太平洋，可为 30 多个亚欧国家和地区提供电视电信服务。但卫视的主要市场在香港，香港华人不仅不愿看普通话节目，绝大部分人连听都听不懂。不许播粤语节目，等于丧失了香港市场。

李嘉诚父子频频出入港府，要求解除禁播粤语节目的条例。李氏父子还轮番上阵，借助传媒，指责港府规定的荒谬性：一家香港本地注册的电视台，却不准许播放本地话的节目，此乃无稽之谈……

李嘉诚向来处理低调，以和为贵。他如此愤慨绝不是一时冲动，而是意在争取民心。他委托一家独立的公关公司搞了一次民意测验，接近百分之百的卫视用户都赞成播放粤语节目（外籍用户则希望再增加英语节目）。李泽楷将测验结果交港府的广播事务管理局，作为修改条例的参考。

李吴斗法在1991年达到高潮，双方的比拼基本上和黄处攻势，九龙仓处守势，双方都向港府要求利于自己的条例。吴光正竭力敦促港府，维持有利于自己的条例，而李氏父子则攻其"死门"，即要求港府解除禁播粤语节目的条例，还要求准许向用户收取费用。

据港府的态度，将有可能解除粤语节目的限制，但仍维持一家收费。

李泽楷力撼吴光正，已初步达到预期目的。一位评论家说："李泽楷采取的是进尺得寸的战术，欲借五百，则开口一千，否则借五百都要打折扣。"

1991年3月，卫星电视公司正式成立，李嘉诚任主席，马世民、李泽楷任副主席，具有多年电视经验的陈庆祥任行政总裁。总投资为4亿美元。

1991年4月，卫星开始试播。到年底，卫视已正常利用五个频道播映节目。李泽楷野心勃勃，欲做传播大王。他心高气盛，也引起和黄高层的摩擦。李嘉诚对二公子多有批评，但实际上又在"放纵"。也许是因为李泽楷是亲子，也许是让他磨练，李泽楷统揽卫视的管理大权。

李泽楷雷厉风行，采取了一系列有力措施提高卫视的收视率。他又积极开拓盈利渠道，使卫视显出良好的发展势头。

论收视率，卫视只能望无线、亚视的项背。卫视的优势在收视面，它可24小时不停地向40多个国家和地区播送节目。节目质量及收视面成为广告经营的基础。有不少大公司与卫视签订合约，成为其稳定的广告客户。从1991年年底全面开播，到1993年年中转让为止，不到20个月的时间，卫视的广告收入是3.6亿美元，而维持五个频道的年费用为0.8亿美元，经营态势良好。

苍天不负有心人。1992年7月2日，港府颁布新的电视广播条例，宣布卫视自1993年10月底起，可开播粤语节目；卫视不可独立经营收费电视，但可通过收费电视（注：指九龙仓有线电视）的频道，经营收费的卫视节目。

港府的新条例为解决卫视、有线旷日持久的纷斗奠定了基础。李泽楷、吴光正两个不共戴天的“仇敌”也都认识到继续争下去对谁都没有好处，因为做生意毕竟不是斗气。1993年6月，两大财团达成协议：卫视与有线的重叠业务结盟，实行天地共存。

做生意竞争是难免的，可是大家的目的都是赚钱，如果能够一起赚，为什么要拼个你死我活呢？

软竞争更有助于硬性竞争

人际关系也存在着“成本”，使用方法和时机得当，则能降低成本或不用投入也可获得人心。比如，捐助、义卖、让利等公益活动，表面上资助非营利甚至“倒贴”社会公益事业，“无私”地奉献出爱心，实际上所起的广告效应，会远远大于同等成本的“硬性”广告。并且“硬”广告，只是让人知道，而“软”广告却在出名的同时获得受众的好感与支持。

由于李嘉诚在塑胶业的实力及声誉，他被推选为香港潮联塑胶制造业商会主席。在此任上，李嘉诚做了一件功德无量的事，至今为香港商界传作佳话。

1973 年，石油危机波及香港。香港的塑胶原料全部依赖进口，香港的进口商趁机垄断价格，将价格炒到厂家难以接受的高位。年初每磅塑胶原料是 6 角 5 分港币，秋后竟暴涨到每磅 4 ~ 5 港元。不少厂家被迫停产，濒临倒闭。李嘉诚此时的经营重心已转移到地产上，因此，这场塑胶原料危机对他影响不大，况且长江公司本身有充足的原料库存。对此李嘉诚毫不犹豫地挂帅救业。在他的倡议和牵头下，数百家塑胶厂家入股组建了联合塑胶原料公司。原先单个塑胶厂家无法直接由国外进口塑胶原料，因为购货量太小。现在由联合塑胶原料公司出面，需求量比进口商还大，因此可以直接交易。所购进的原料，按实价分配给股东厂家。在厂家的联盟面前，进口商的垄断便不攻自破。笼罩全港塑胶业两年之久的原料危机，一下子烟消云散了。

在救业大行动中，李嘉诚还将长江公司的 12.43 万磅原料，以低于市价一半的价格救援停工待料的会员厂家。直接购入国外出口商的原料后，他又把长江本身的配额——20 万磅，以原价转让给需量大的厂家。

危难之中，得到李嘉诚帮助的厂家达几百家之多。因此，李嘉诚被称为香港塑胶业的“救世主”。

1987 年 10 月 1 日，香港股市恒生指数飚升到历史高峰的 3950 点。牛气冲天，正是售股集资的大好时机。此前，9 月 14 日，李嘉诚宣布长实系四家公司——长实、和黄、嘉宏和港灯合计集资 103 亿港元。这是香港证券史上最大一次集资行动。长实系发行的新股，将由 5 家证券经纪公司包销，向公众发售。

10 月 19 日，美国华尔街股市突然狂泻 508 点，造成香港股市恒指暴跌 420 点。这场股灾毫无预兆，其突发性令全球股市行家及学者大惑不解。26 日，香港股市恒指更是暴挫 1121 点，全面崩溃。当时，5 家包销商所拟定的供股价都较市价高出 30% 以上。

根据协约规定，长实系的大股东或控股公司与五家包销商共同对半承担其责任，也就是各负责 51.5 亿港元。结果，长实系四家公司的集资计划大功告成。

李嘉诚靠他的机灵，更靠他的运气，侥幸躲过这场始料不及的股灾浩劫。

长实系上市公司市值下跌，但实际资产依旧。而包销商则欲哭无泪，因为他们必须承担包销的风险。股灾中，李嘉诚首先站出来“救市”，他以大局为重，认购了数亿股票支持股市。

这就是被有关传媒评价的“百亿救市”行动。李嘉诚在这次股灾中，再次扮演了“白衣骑士”的角色。

人们在遭受灾难时，对于所受到的帮助容易铭记于心，这就是雪中送炭的感人之处。商人雪中送炭带来的将是在该行业中的好名声，它有助于你长久的发展。

要想获取，必先施与。明明是在求人，而给人的感觉却是他们在施恩；本来并无大功绩，只是顺水推舟，却可两边落好，大落人情，这正是高超的商场高手所为。

救人危难的义举，可以为你树立起崇高的商业形象，使你的信誉和声望义薄云天。信誉和声望无疑又会回馈你无尽的生意和财富。落井下石，踩沉对方，你可以少一个竞争对手。但切不可忘记，即使你真能扼杀了对方，总会有新的竞争对手崛起。正如“野火烧不尽，春风吹又生”，一个人不可能独霸一个行业。而救人于危难之际，不但得到了人缘、信誉及声望，你的形象实际上为你日后创大业赚大钱埋下了伏笔，你日后的所得势必要超过你的付出。

此外，帮助别人，不要念念不忘。帮助时应注意：不要使对方觉得接受你的帮助是一种负担；帮助要做得自然得体，也就是说在当时对方或许无法强烈地感受到，但是日子越久越体会到你对他的关心，能够做到这一点是最理想的；帮忙时要高高兴兴，不可以心不甘、情不愿的。如果对方也是一个能为别人考虑的人，你为他帮忙的各种好处，绝不会像泼出去的水难以回收，他一定会用别的方式来回报你。对于这种知恩图报的人，应该经常给他帮助。

人是情感动物，需要彼此的互爱互助，切不可像自由市场做生意那样赤裸裸地、一口一个“有事吗”，“你帮了我的忙，下次我一定帮你”。忽视了感情的交流，会让人兴味索然，彼此的交情也维持不了多久。

第七章　面对顾客永远是笑脸

抓住了顾客就抓住了利润，拥有了客户就拥有了成功。客户永远是商家的上帝，没有顾客的购买行为，你纵然是千货商场、万货商场也是枉然。沃尔玛的创始人山姆·沃顿说："事实上，顾客能够解雇我们公司的每个人，他们只需要到其他的地方去花钱，就可以做到这一点。"衡量商家成功与否的重要标准就是让顾客满意的程度。"顾客永远是对的""顾客第一""服务第一"等类似的口号被众多的企业称为其宗旨，并出现在许多企业的广告创意之中。推行服务战略，满足顾客需求，着力提升企业的服务水平，是企业获得竞争优势的一个重要来源。

喜欢听顾客的抱怨

现实中如果有谁发出抱怨之声，那一定是他对什么不满意了，或许是自身受到了不公的待遇或是自身的利益受到了侵害，而且多数人不喜欢听到别人的抱怨，因为这意味着抱怨是针对自己的，是自己做错了什么了。然而美国有一家名为“新猪”的公司，名字很土，但成长很快。创办人毕佛不无自豪地坦言，我的公司之所以快速发展，其中的秘诀就是我喜欢听顾客的抱怨。

毕佛发现：每一个顾客的抱怨都使他有机会拉开跟其他企业的差距，帮助他做一些他的对手还没有做的事。

太多的公司认定他们的顾客是爱挑剔而难讨好的人，这种态度是不利于与顾客合作的，而且研究一下也会发现，有这种想法的公司一定没有好下场。美国华盛顿技术协助研究计划机构的研究结果表明，很多客户会因为对一些公司不满意，而改向其对手公司买东西，但其中只有4%的人会开口告诉公司，也就是说在每25个不满意的顾客中，只有1个会开口抱怨。

经营一家公司，唯一最赚钱的方式，就是多听听顾客的声音。你会听到快乐和不快乐的声音，然后利用所听到的情报来加强对客户的服务。如果这样做还有客户不满意，那也只是少数。哈佛商学院的李维特教授说，以顾客为念的企业所要塑造、改变全公司的信仰应该是：产业应是满足顾客，从而制造货品的过程。

要像了解你的家人一样去了解客户。能完全满足你的客户，你才能成功。

如果经营者能做好以下三个方面的工作，就可以培养成这种以客为尊的行为模式，这三点很难，但你用心去做不但做得到，你还可能会从中得到乐趣，你要做的是以下几点。

仔细对客户定位。这是通常公司高级老板的决策。根据公司经营理念和老板对客户定位的共识，每一个基层的工作单位要自行决定他们的内部顾客，只有这些顾客对基层工作觉得满意之后，公司才能满足外部的顾客。

要比客户本身还要了解他们。整个组织必须设法了解客户现在和未来的需求与期待。

激发公司内的每一个人去设想客户的需求和期待，然后不断努力去超越这些期待。

对于公司领袖而言，找出公司特别注重的客户是一件重要的事，做得好的话可以奠定成功的基础。

在管理阶层将客户明确之后，整个公司就开始进入了了解这些客户的无休止的工作之中。一个精明的生意人必须像了解自己一样了解自己的客户，甚至比了解自己还了解他们。

最佳的老板可以说是最佳的职员，他们永不停止地倾听顾客的意见。他们利用每一个机会问："我们做得好不好?""要怎样才会更好?"心理学家兰洁说，人们常常安于现状，对其他的讯息充耳不闻。我们可以从企业界人士对客户的谈话中发现这种情况。他们听惯了客户说他们服务"还不错"，常不会积极地去听并且深入地发掘问题，只是心不在焉地点头。

真正以顾客为念的企业人士知道，在跟顾客谈话时，绝不能心不在焉，而且要不断地问一些问题，不但要仔细地听，还要注重技巧。

要鼓励他人说话。友好的表情和专心致志而又自然的态度能够鼓励他人畅所欲言。"能不能再说一些?""我对你的观点很感兴趣"等言语也能激发他人打开话匣子。

反馈性归纳。在谈话过程中，不时地概括和重复一下对方所谈的内容以证实你的理解，这也说明你对他的观点经过了慎重的考虑，并使对方有重申和澄清其本意的机会。

进入角色的倾听。积极地倾听要求你设身处地将心比心，在倾听他人所谈内容的同时充分理解对方的感情，并将你所理解的感情告诉对方。

避免争论。当对方在说一些你认为没有道理的东西时，不要急着去纠正，尤其是谈话开始时。因为这传达给对方的是，你想自以为是地教训别人，而不愿听取他们摆出来的理由。

避免主观臆断。对别人进行道德上的判断及人身的评论会使对方处于防御性状态。员工通常对管理者企图用生理学分析他们感到的不满，对员工说“这几天你好像有点不安”与“你好像感情抑郁”就大不一样。

聪明的公司并不阻止客户的抱怨，而是利用这些抱怨来找出客户不满的根源。他们还会认真地搜集和整理这些顾客的抱怨，以改进自己的工作。

保证服务无微不至

在经商中，抓住顾客心理让他心甘情愿地成为自己的顾主，是犹太人的经商绝活，当然这也应是所有生意人都要掌握的手段。犹太传统认为，追求财富的唯一秘诀在于真诚热心地满足他人的需要。

优质的服务是满足顾客需要的有效方式。一般而言，优质的服务意味着对顾客无微不至的关怀，包括所有与交易有关的内容。泰国有一家犹太人开的饭店，几乎天天客满，不提前预定是很难有入住机会的。

一位公司总裁因公务出差泰国，住宿在该饭店。第一次入住时，良好的饭店环境和服务就给他留下了深刻的印象，当他第二次入住时几个细节更使他对饭店的好感迅速升级。

一天早上，在他走出房门准备去餐厅的时候，楼层服务生恭敬地问道："汪先生是要用早餐吗？"他很奇怪，反问："你怎么知道我的姓？"

服务生说："我们饭店规定，晚上要背熟所有客人的姓名。"

这令他大吃一惊，虽然频繁往返于世界各地，入住过无数高级酒店，但这种情况还是第一次碰到。

他高兴地乘电梯下到餐厅所在的楼层，刚刚走出电梯门，餐厅的服务生就说："汪先生，里面请。"

他更加疑惑，因为服务生并没有看到他的房卡，就问："你知道我姓汪？"

服务生答："上面的电话刚刚打下来，说您已经下楼了。"

他再次大吃一惊。

刚走进餐厅，服务小姐微笑着问：“汪先生还要老位子吗?”他的惊讶再次升级，心想尽管我不是第一次在这里吃饭，但最近的一次也有一年多了，难道这里的服务小姐记忆力那么好?

感受到他的惊讶，服务小姐主动解释说：“我刚刚查过电脑记录，您去年6月8日在靠近第二个窗口的位子上用过早餐。”

他兴奋地说：“老位子！老位子!”小姐接着问：“老菜单？一个三明治，一杯咖啡，一个鸡蛋?”现在他已经不再惊讶了，“老菜单，就要老菜单!”他已经兴奋到了极点。

上餐时餐厅赠送了一碟小菜，由于这种小菜是他第一次看到，就问：“这是什么?”服务生后退两步说：“这是我们饭店特有的一种小菜。”

服务生为什么要先后退两步呢？她是怕自己说话时口水不小心落在客人的食品上。

对这位公司总裁来说，这种细致的服务不要说在一般的酒店，就是美国最好的饭店里他都没有见过。这一次早餐给他留下了终生难忘的印象。

后来，由于工作的原因，这位公司总裁有三年的时间没有再到泰国去，在他生日的时候，突然收到了一封这家饭店发来的生日贺卡，里面还附了一封短信，内容是：亲爱的汪先生，您已经三年没有来过我们这里了，我们全体人员都非常想念您，希望能再次见到您。今天是您的生日，祝您生日愉快!

可想而知，他当时就激动得热泪盈眶，发誓如果再去泰国，绝对不会到任何其他的饭店，一定要住在这家酒店，而且要说服所有的朋友也像他一样选择。

迄今为止，世界各国的约20万人曾经住过那里，用他们的话说，只要每年有1/10的老顾客光顾饭店就会永远客满。

这家饭店非常重视培养忠实的客户，并且建立了一套完善的客户关系管理体系，使客户入住后可以得到无微不至的人性化服务。这就是这家饭店成功的秘诀，也是众多犹太商人提升顾客满意度的秘诀。

让诚信牵手顾客

应该说，商场上讲诚信是经商应摆在第一位的原则，如果商家对顾客失去了诚信，就失去了赚钱的源泉，因此许多知名企业家重信笃行，一言九鼎，令人难忘。

香港地产大王李嘉诚组建的长江实业有限公司成就卓越，一位与其密切联系多年的客户曾这样告诉《远东经济评论》的记者说：

“有三样东西对长江实业至关重要，它们是：名声、名声和名声。”

一连三叹“名声、名声和名声”，旨在强调李嘉诚重视名声和信誉。

无独有偶，与李嘉诚同样著名、活跃在世界经济大舞台上的“世界船王”包玉刚也素以“恪守信用”和“君无戏言”而知名于商界。包氏有一句话是这样说的：

“纸上合同可以撕毁，但签订在心上的合同是撕不毁的。”

朴素的真理，典型的商界巨子风范。包玉刚正是以勤俭创业和以信誉立业的。他的铮铮话语是“兴言之为誉”的绝好注解。他这么说道：

“要想做出卓越的成绩，只有靠我们自己埋头苦干，用我们的勤劳战胜困难，用我们的诚实取信于人。”

不少企业、厂商可能因贪一时利而失信誉，这是急功近利的表现。台湾的“塑料大王”王永庆往往是违背“追求利润”的目的以保持公司信誉，终以奇好的信用闻名宝岛内外。

王永庆的名字之所以在台湾家喻户晓，除了从创业到建业的传奇经历外，更在于他“事业成功信用至上”的信念。有人戏言：

"王永庆不必多读书，只要会签名即可。"为什么？因为"王永庆"三字象征信用，在商战中无往而不胜，他的姓名等于信誉。

王永庆作出牺牲以保持信用的行为已是有口皆碑。当内销价格高于外销价格时，王永庆绝不置外国客户于不顾，压缩出口产品全部转为内销；当外销价格超过内销价格之时，王永庆也绝不贪图眼前一时之利而失信于内销客户，趋之如骛地出口产品。

1973 年，台塑公司将增值股的二成计 103．8 万股公开出卖。申购者承购增值股时每股 244 元，实际承销后股票市价已跌落到每股 238 元，这样 244 元和 238 元之间就存在一个 6 元差额，从而造成当时台湾常见的申购者损失现象。这时，王永庆发言了，他说什么呢？他声称："若 6 月 30 日前，此价仍未超过 244 元，即以当时收盘价为基准价，退还所有投资人的损失。"

要知道，若每股退还一元已是一个不小的数字，这样的魄力足以造就"人言为信"，实属勇气可嘉。

事实上到了 6 月 30 日，收盘价跌到 202 元，台塑公司果然退还投资人每股 42 元。多少申购者顿开欢颜，多少企业家及股票大户暗笑王永庆之"愚、笨"。王永庆此举究竟有什么意义呢？

让事实来说话吧！

王永庆的台塑公司深得投资人赞许，树立了极高信誉，美言广传千里。王永庆台塑公司在后来股票大幅度下跌中仍然保持持平不坠的水平。及至近年，台塑企业集团下属公司股票涨幅更为惊人，不可否认的是"金字招牌"——王永庆，在投资人心目中永不褪色，信誉经年累月而不衰。

这是关于信用的神话，更是现实的报道。

把每一位顾客都当成贵宾

每个人都渴望他人对自己的尊重，因为他人的尊重能证明自己存在的价值。人们总是善待尊重自己的人，而对不尊重自己的人很难与其合作。

从某种意义上来说，商人尊重每一位顾客，不仅是一种满足顾客切身需要获得利益的方法，也是一项善举，因为它能使社会人文环境更温馨和谐。

埃丝黛·劳德是一个化妆品研究专家，也是一位和善而美丽的女人。她用自己研制的化妆品美容。有一次，开美容厅的莫里夫人对埃丝黛白嫩细腻的皮肤羡慕不已，并请教秘诀。埃丝黛热心地将自己用的四种化妆品赠给莫里夫人，并教给她使用方法。莫里夫人用过这些化妆品后，效果非常明显。出于感激，她劝埃丝黛在自己的新美容厅开设化妆品专柜。自此，埃丝黛开始了商业生涯。

埃丝黛做生意，既大度又友善。无论顾客是否买她的商品，只要来光顾，她就会送一件礼物，比如，一支唇膏、一小袋香粉、一盒胭脂。她认为，应该给顾客一个试用产品的机会。如果她们觉得质量好、效果好，自然会来买。

更难能可贵的是，埃丝黛绝不轻视任何人，无论穷人富人、男人女人、黑人白人、本国人外国人，她都予以足够的尊重。

有一次，一位身材矮小、皮肤黧黑的墨西哥妇女朝埃丝黛的柜台走来。她没有穿鞋，样子显得很粗俗，一看就不像有钱人。

埃丝黛正要过去接待，一个售货员拍拍她的肩膀说："别理她，劳德夫人，别为她浪费您的时间。她不会买任何东西！我知道她这个人，她就住在附近。"

埃丝黛不以为然地问："你怎么知道她口袋里有多少钱的?"然后，她走到墨西哥妇女跟前，友善地打招呼。

墨西哥妇女受过不少冷遇，见埃丝黛态度友好，非常高兴。她指点着一种高级护肤品，意思是要化妆。原来她不会英语。

埃丝黛开始一丝不苟地给墨西哥妇女化妆，就像她平时接待那些贵妇一样。一切完毕后，埃丝黛递上一面镜子。墨西哥妇女盯着镜子看了好一会儿，简直不敢相信那个漂亮女人就是自己。然后她笑了，满意地点点头，打开装满美元的钱包，为自己付账。第二天，她还将自己那些有钱的亲戚带到埃丝黛这儿来化妆。

埃丝黛在做人、做生意方面都很成功，她不仅是世界上最富有的女大亨之一，还获得过多项个人荣誉，比如，水晶苹果奖、法国荣誉社团骑士勋章、美国杰出母亲等。她尊重每一个人，她也获得了每一个人的尊重。

尊重人格和尊重利益，两者不可分割。只尊重顾客的利益却不尊重顾客的人格，是势利；只尊重顾客的人格却不尊重顾客的利益，是虚情假意。真正的大商人，以真诚之心对待顾客，拒绝势利和虚情假意，所以他们能带给顾客真心的感动。

库特是世界闻名的东方饭店的创始人。他做生意的一条成功经验是："获得顾客的好感，让别人来宣传你。"

如何获得顾客的好感呢?库特认为，提供美味佳肴、豪华客房是远远不够的，最重要的是真诚服务。饭店客人来自世界各地，生活习惯、价值观各不相同，但"真诚"二字没有国籍，适用于任何人。为此，库特亲自给饭店制定了长达 141 页的《工作条例》，内容几乎包括各种可能出现的问题。每个员工都能将 141 页条例背得滚瓜烂熟，办事绝无差错。

有一次，从欧洲来的几位客商在泰国曼谷机场下飞机，按原计划准备坐东方饭店的轿车前往旅店。客商听说曼谷塞车现象比较严重，临时要求改乘小船，从湄南河前往东方饭店。此时旅游船已经停班，而且饭店已按客人原来的要求备好晚餐，临时更改行走路线，将打乱计划。但饭店接待人员没有半句怨言，出高价租了一只小船，将客人送到饭店。然后，又重新准备酒菜。整个接待工作让这几位欧洲客人赞不绝口。

还有一次，一位澳洲客人被安排在临街的房间。因街上交通警察吹哨子，影响了休息，他大发脾气，摔烂了两个花瓶。服务人员毫无怨意，含笑递上一杯冰镇的桔子汁，连说“对不起”。等客人安静下来后，又将他调换到一个比较安静的房间。这位客人感激之余，对自己粗鲁的举动深感歉意，主动赔偿了花瓶的价钱，并长期预订酒店的豪华套间。

库特凭借真诚服务，使东方饭店十多年来一直名列世界十大饭店龙虎榜。

你是否将顾客放在心上，这是尊重顾客的一个重要指标。有的商人在洽谈生意时跑前跑后，向顾客献殷勤。一旦事情过去，马上将顾客抛诸脑后。

无论是谁，都愿意亲近一个把自己放在心上而不是漠视自己的人。真正的大商人，对顾客心存感激，向顾客的背影致敬。所以他们拥有一大批长期而忠诚的顾客。

有一家酒吧，老板是个很热心的人，每次客人光顾时，他就主动询问：要杜松子酒还是饮料？他还抽空和顾客轻松地聊天。当客人下次来时，他都能准确记得客人的口味，并主动询问：还是来一杯杜松子酒吗？久之，他跟客人之间就像老朋友一样，无拘无束。客人没事时都爱到他这儿来喝上一杯，即使并不想喝什么，也喜欢来坐一坐，感受这里的亲切气氛。这家酒吧成了当地一个著名的聚会场所，天天顾客盈门。

天下没有白赚的钱。你想通过别人获得利益，就得花点心思在他身上。假如你沉浸在自己的思绪中，沉浸在得失的算计中，对别人漠不关心，永远也走不到别人心里去。

作为商人，不要老是想着顾客值不值得自己尊重的问题，不妨首先表现出自己的良好教养，并以此影响顾客。这样才能在人际关系中占得主动，从而在商场上争得主导地位。

态度决定生意的成败

“态度”本身并无价值，但你可借用它衍生出价值。当然，因为你的一个不当的态度也可让你失去价值。因此，在经营生意上，态度问题可是个大问题。

有一家酒店的宴会厅正在宴客，突然，一位喝得微醉的外宾失手打碎了一只青花小盘，一时场面很尴尬。

这事被餐厅经理看到，他不但没怪客人，还立即派人又加了一道菜，并亲自来向客人“道喜”说：“先生，您真幸运啊！中国有句老话叫‘岁岁’（碎碎）平安，你可谓大吉大利了！”

而后经理补充说：“这道菜是免费赠送的，是为了庆祝客人‘岁岁平安’。”这话使全桌的冷场化为乌有，所有客人欢喜如初。

这时的态度就具有了价值。

另有一个酒店也经历这样一件事：

一次，一位港商到这家酒店餐厅请客，点菜时有一道“沙嗲鸡翅”，菜单上明明是这样写的，上桌时经理却当众介绍说：“这道菜的名字是‘飞黄腾达’。”

主人听了大喜，兴头上连订了两桌酒席，头道菜都是“飞黄腾达”。客人对这里的服务态度非常满意，并表示下次还要住在这个酒店。

从这个例子中我们更加直观地看到了态度的价值。

还有一位美国贵夫人去巴黎旅游，预订了希尔顿饭店的一套高级套间。这位夫人抵达饭店不久后出门拜客。

在这段时间，经理命人将夫人所居住房间的灯罩、床罩、窗帘全部都换上大红颜色，夫人回来后，见此情景非常满意，高兴之余额外付给饭店一千美金作小费。

可见，优质的服务态度给予客人温暖、关怀、友爱，这种高尚的感情是用多少金钱也买不到的，这种态度是无价的；优质的服务态度吸引了慕名而来的众多客人，酒店营业额直线上升，酒店利益成倍增长，这是客人对酒店所投的信任票和奖励，这时态度是有价的。

通过以上我们所举的案例来看，良好的态度可以让客人得到满足，态度是无价之宝。在“客我交往”中，怎样才能让客人觉得轻松愉快？如果不能让客人觉得“亲切”和“自豪”，客人既不会轻松，也不会愉快。所以，作为一名天天与客人打交道的服务人员，必须让“亲切”和“自豪”这两个词，时时出现在自己的脑子里，才能在服务中表现出良好的态度。

要给客人以良好的态度，除了应该是一个“感情上的富有者”之外，还必须“善解人意”。这里所说的“善解人意”是指通过察言观色，正确地判断客人的处境和心情，并做出适当的反应。本例中通过“岁岁平安”“飞黄腾达”“一千美元小费”的事例，反映出酒店能善解人意，满足客人心理需要的良好作风。作为一名服务人员，如果对顾客既不敏感，又反应迟钝，那么商家就很可能是无人光顾了。

让生意场成为顾客之家

作为商家要争取到顾客的购买行为不仅仅是重视顾客提出的要求，更值得重视的是满足顾客最迫切的需求，解决顾客的燃眉之急。

人们知道犹太人最善经商，而很少知道在犹太人开的所有营业场所中，急顾客之所急，是一项要求，更是一种习惯。

一家咨询公司经理在一家犹太人开的酒店的经历就让他亲身体会到了这一点。

这位经理是芝加哥博物馆理事会成员，这家博物馆在资金筹措会上请到了总统夫人在这家酒店作为主要演讲者。人们期待经理能和其他的董事会成员一起参加欢迎的队伍，向第一夫人致敬。

在办公室里紧张地忙碌了一天的经理来到了这家酒店后，他注意到进入大型舞厅的人都穿着正式的服装。可他还穿着上班的服装，但当时已经来不及回家换衣服了。

当他站在门厅里考虑应该怎么办时，接待员注意到他脸上迟疑的表情，走上前去问他："先生，我能为您提供方便吗?"在经理解释他的麻烦后，接待员自告奋勇地说："有一位侍者今天不上班，我知道如果您穿他的晚礼服，他是不会介意的。"

当俩人来到更衣间时，他们只找到了一件干净的衬衫，晚礼服已经被拿到洗衣房里去了。经理谢了接待员给他的帮助，但接待员接着说："若您不介意的话，可以穿我的晚礼服。"他一边说着，一边开始脱衣服。可是这位接待员的衣服比经理的大两号，他试图把袖子和裤腿钉住，尽量使衣服看起来合体。当这一切都无济于事时，他马上给饭店的裁缝打电话，让裁缝立即赶来当场修改衣服。

就这样，经理以符合基本礼仪的装束加入了欢迎的队伍里。

当这位经理回来时，发现自己的套装已经熨烫好了，整齐地挂在衣架上。经理为了表示感谢，忙把口袋里的现金和支票簿拿了出来，但是接待员一分钱也不肯接受，坚持说他只是在做自己分内的工作为顾客服务，解决顾客的燃眉之急是自己应该做的。

“可我并不是你们经常的客人”，这位经理说，“我是第一次走进你们饭店来的。”对此，接待员的回答是：“哦，也许有一天您会成为我们经常的客人。”

经理为他的真诚服务打动了，并从心里接受了这家饭店，而且，后来真的成为了它忠诚的客户。在准备一个有来自世界各地的商业伙伴参加的重要会议时，别人建议用机场旁边的旅馆，但这位咨询公司的经理却坚持住在这家饭店。

可见，急顾客之所急也是让顾客满意，赢取顾客忠心的一个有效办法。

做顾客的消费顾问

顾客的购买行为常常取决于售货员对商品的介绍，售货员不能老是消极地等待顾客发问，而应主动充当顾客的顾问，就其关心的问题给予解答。

首先，要以服务员的身份说话。

售货员和顾客不单是买卖关系，更是服务与被服务的关系。售货员不单要向顾客提供商品，更要提供服务。当售货员以服务员的身份说话时，应该注意敬语和委婉语的使用。售货员的一声“您好!”“谢谢!”“再见!”常常能获得顾客的好感，沟通对方的感情，促成买卖。此外，售货员在为顾客做商品介绍时，宜用自己的经验以敬语和委婉语给顾客提示。另外，要善于接纳顾客的意见。顾客购物时，总是要追求两个目的：既要价廉，又求物美，当两者不能统一时，他就可能提出看法。这时售货员不要以辩论的口气去反驳，和顾客形成对立，而应当先接纳顾客的意见，然后再舍一端，取另一端，加以说明。

比如，顾客想买件床上用品，她拿起用品抱怨说：“质地这样薄，恐怕不结实吧?”这时你千万不要与其争执，不妨在“价廉”上做文章：“是呀，薄是薄了点，但便宜呀；再说现在的用品只要一两年就要换新样式，用不着太结实。”这样说，表示尊重顾客的意见，肯定其判断力，消除顾客的对立心理，进而说明自己的意见，显得可信可服。

同样，如果顾客对“价廉”提出质问，售货员就应舍弃“价廉”而只谈“物美”。如顾客问：“怎么这样贵?”如果答“嫌贵就别买”或“这还贵呀，那种更贵呢?”这样就会引起顾客的反感，打消买此物品的念头。要是说："贵是贵了点，但您看这质量，这样式，一等品。花钱还不就是买个地道货，您说是不是?"这样就使顾客感到此物确实值得买。

其次，要以权威的身份说话。

在买卖过程中，顾客对售货员怀有双重心理：一方面，有戒备心，怕售货员是老王卖瓜，自卖自夸，甚至怕被欺骗；另一方面，又有信任感，认为售货员懂商品，又懂行情。售货员应针对顾客的信任心理，以权威的身份说话。比如，顾客经过一番挑选后，常会问："请问，我是买红的好呢，还是买绿的好?"这时售货员就应根据自己的判断确定一种："红的好。红的配您的肤色最适宜，再说很多人都买这种。"这就坚定了顾客的信心，促成了买卖。

最后，以朋友的身份说话。

以朋友的身份说话就要避免"公事公办"的面孔。在这里，回答问题要尽量避免否定式，多用肯定式。比如，顾客问："有青岛啤酒吗?""没有。"回答得硬梆梆，一下就拉大了与顾客的心理距离。如改用肯定式，"对不起，现在只有上海啤酒"就好多了。除此之外，还可互换角色，使两者关系更接近些。又如，顾客想买而又犹豫时，售货员可说："假如我是您，我就买。因为……"售货员的这样互换方法，容易得到接受。

如果我们在消费者面前能全心全意地做到以上几点，那么这些消费者无疑将成为我们的铁杆顾客。

○ 下篇　潜规则

“潜规则”是相对于“显规则”而言的，是看不见的、明文没有规定的、约定成俗的，却又是广泛认同、实际起作用的、人们必须“遵循”的一种规则。创造“潜规则”这一概念的吴思先生说：所谓的“潜规则”，便是“隐藏在正式规则之下、却在实际上支配着中国社会运行的规矩”。“潜规则”是商场中“秘而不宣”的经营谋略。黑格尔说：在纯粹光明与在纯粹黑暗中一样，看不清什么东西。这个世界有白也有黑、有正亦有邪，谁也不可能歼灭另一方，这是世界的规则和秩序。商场中只有“显规则”与“潜规则”相辅相成，才能纵横捭阖，取得更大的成功。

商场关系学

第一章　关系利益是商场利益的重要部分

俗话说，生意场上无父子，在商场上只有利益是永恒的。而商人关系的基础是经济利益上的互惠。有的公司或企业把自己的客户和有关系的人称作“商业伙伴”，其经济来源一半以上是靠着人际关系或者商务上的伙伴关系。这种“商业友谊”是建立在商业利益的基础上，没有利益就没有这种关系的产生。比如，中国的银行大多都不是做生意的，而是做关系的，一部分的银行贷款不是冲着生意而是冲着关系。但关系并不是平白无故建立的，而是与利益挂钩的。关系利益是商场利益的重要部分。

“811”利益分配原则

商人做生意，不在于利益的多少，而在于平衡。永远不要冷落了对你的收益有帮助的人。在生意人的利益分配中，需要遵循一个“811”原则。这个原则是指：如果生意人赚了十元钱，就要有八元钱给关系户，一元钱分配给身边掌握机密的幕僚们，最后剩余的一元钱才装入自己的口袋。换一句话解释这个原则就是，一个商人赚到十元钱，就有八元钱是用来培养生意场上的利益同盟。由此可以看出，利益同盟是商人持续获利的根本法宝。

为什么要把这么多的利益分配给关系户？因为这些关系户需要网络更多的关系户同来，或者把自己培养成更高地位的更大权势的关系户。这些事情都需要巨大的财富。因此，培养一个关系户是需要代价的，反过来毁灭一个关系户同样是代价惨重的。这就可以解释，为什么这个利益同盟网络会那么坚固，轻易不会破灭。

生意都是人做出来的，生意的资源都掌握在不同人的手里，做生意就是尽量地按照合适的规则去分配资源。而“做人”的功底深浅就直接地决定着能否合适地分配到资源。

有欲望才会有满足欲望的生意，有人拥有很多，就有人缺少很多，又总有人巧妙地站在中间，拿一方的拥有去满足另一方的缺少。这个站在中间的人只是架了一座桥。

有了利益同盟，就要按照这一利益分配的原则打理关系，就应该集中精力去处理和生意伙伴的关系，而不是挖空心思地处理与竞争对手的关系。

当然培养利益同盟，还有一条根本理论，即你认识谁并不重要，关键是你想认识谁以及谁认识你。你想认识谁，是对你想从哪方面受益，从哪方面突破的角度来讲。如果你在生意途中遇到经济纠纷，那就需要认识一位律师朋友来帮你摆脱眼前的困境；如果认识你的人都是商界的精英人才，那么当你遇到一点挫折和失败的时候，还是能够从他们的手中及时获得一定的帮助的。可见，培养利益同盟是建立在需求与帮助基础之上的。

在同样的生意场上，大家都是因为生意才维持着利益关系。通常情况下，所有参与进来的人都会努力地维护着这个利益关系的稳定，而对一切交易机密保持“缄默”。只有某一方对利益的分配表示极其不满时，才有可能出现所谓的“脱线”行为，把关系网上的人全部拖下水去。

从“811”原则来讲，生意场上绝对没有个人问题，都是大家的问题，都是大家生意上的问题，哪里有什么个人问题呢？虽然生意场，实际还是个人的问题。因为“811”原则的利益分配法会涉及到每一个人，所以建立一个稳固、有效的利益团队显得至关重要。

到什么时候经商都别忘了官

如果你是一家公司的老板，可你只把着力点盯在生意身上，盯在与客户的关系上，而不注重与社会各界各种关系的交往，该走人情的时候不走人情，只顾低头走路而不抬头看路，那么，你是做不好生意的。

中国经商历来都是官商结合，无论是古代还是现代。尽管当今我们的社会主义国家廉政建设抓得很紧，但政府仍然控制着许多商脉，于是部分掌管实权的官员便有了从商中牟取利益的条件，商若不与官有机结合，商途则难以顺畅。

前一段时间，河北富翁孙大午被抓，很多人在网上为孙大午抱打不平。一些法律、金融专家就对当地政府指责孙大午私自揽储、非法集资不以为然，觉得以孙大午的作为，远远够不上私自揽储、非法集资，扰乱金融秩序更谈不上。当地税务部门指责孙大午偷税漏税亦迄今拿不出有力证据。但这不是我们关心的内容，我们关心的是孙大午落入今日的局面，由千万富翁沦为阶下囚，有无其自身的原因。

孙大午被抓后，有人说了一句话：孙大午被抓，是因为孙大午不会说话，不会办事。大午集团从1000只鸡、50头猪起家，至今已发展成集养殖业、种植业、加工业、工业、教育业为一体的大型科技民营企业，固定资产过亿元。说孙大午不会办事，肯定不是指他不会办企业。

那么，孙大午不会办的是什么事呢？那就是没有人情。一是“抠”。大午集团在对外交往上，每年基本没有什么招待费。孙大午从来不请客。就算逢年过节给一些单位送点年礼，也都是十几元一箱的鸡蛋。二是“傲”。平时孙大午只喜欢和学术界名流交往，对政界人士却“不屑”打交道，使一些人感觉孙很清高、很狂，心里很不舒服。三是“轴”。不懂人情世故，与地方政府关系闹得非常僵，和地方的税务局、工商局、土地局等多个权力部门都发生过冲突，打过官司。通过大午集团的举报，当地税务部门的一位重要领导还曾遭到检察机关的拘捕。

孙大午的企业发展要用钱，而从银行和有关金融机构又贷不到钱，于是走上“非法集资”的道路。反观当地另一家与大午集团差不多的企业，人家也缺钱，也需要融资，但采取的方法却与大午集团迥然不同。《中国新闻周刊》的报道说，通过县委书记的亲自“协调”，当年3月该企业又获得了银行1亿2000万元的贷款额度，其中1000万元已经落实。这家企业在当地以与政府关系密切著称。

创业是一个在夹缝里求生存的活动，尤其处于社会转轨时期，各项制度、法律环境都不十分健全，创业者只有先顺应社会，才能避免在人事关节上出问题。作为对照，很多原先很牛气的外资企业，认为本地人才这样不行，那样不行，只有外来和尚才能念好经，现在也都认识到了人才本地化的重要。人才为什么要本地化？因为本地的人才更熟悉本地的情况，能够按照“本地的规矩”做事，也就是说更能入乡随俗。创业者一定要明势，不但要明政事、商事，还要明世事、人事，这应该是一个创业者的基本素质。

中国是个人情味浓厚的国家，啥事都离不开人情，说白了，人情就是一种利益的共享。利益得不到共享，从表面上看是和谐顺畅的事情，但是其中味道就在逐渐的发生着变化，越来越多铜臭的感觉融入其中。商情与人情分离，是失道乱方寸的前兆。处理事情，安排人情和而不混才最让人佩服。只有认清才好办事情，没有人情利益一定难办事情。

生意的成败有时取决于几个关键人物

可以说，有了人脉，也就有了路子、利益以及各种随时可以兑现的希望。因此，不但寻常百姓看重关系，达官显贵看重关系，生意场上的生意人也同样看重关系。

那些与重要人物或关键人物关系亲密的人一般都是神通广大的人，他们能把和自己或朋友利益有关的事情办得妥妥当当，甚至还有可能办成一些超越法律和道德界限的越格出线的事。精明的生意人都知道，要想办成事，必须有关系。

虽然和这些关键人物攀交情的好处多多，但要注意的问题也有很多，以下四点就是你必须要注意的。

（1）要熟知关键人物的身世和社会关系网

任何一位关键人物都有自己的人情关系网。这个“网”的形成和他的身世以及人生经历有着直接的关系。要想和他攀上关系，你就必须先在暗地里多留心他的身世和社会关系，这其中包括他的同乡关系、亲属关系、朋友关系、同学关系、上下级关系等。掌握了这些关系之后，如果不能直接和他建立关系，你就可以另辟蹊径，设法先同与他关系密切的一两个人建立关系。这样，当你有求于他时，你便可以借助这些关系，使他碍于面子不好也不能拒绝你。

（2）要自然恰当，牵动旧情

与关键人物攀附关系时不应生拉硬扯，本来没有亲戚关系，非要扯出亲戚关系来；本来与他的某位朋友没什么交情，偏偏鼓吹自己和人家交情深厚。这样做很容易引起关键人物的反感和鄙视。因此，要与关键人物拉关系，就得循序渐进。要让他被你不经意地提起的人或事牵动旧情，甚至让他陷于对旧情旧事的缅怀之中。如果你能和关键人物把关系攀到这分儿上，那么还何愁他对你托办的事情置之不理呢？

（3）要看清场合

不要在众目睽睽之下与关键人物攀附关系，因为绝大多数关键人物是不愿意公开自己的身世和社会关系的，而且关键人物还会怪你多事，旁观者更认为你是在阿谀奉承。因此，在公开场合攀附关系对关键人物和自己都没有什么好处。要想与关键人物拉关系，最好选择私下里和他闲话家常，或酒桌上小酌，或在饭后散步，或在他情绪好时。因为在类似这样的时间和场合里，最容易抓住关键人物的心意，也最容易和他拉上关系。

（4）要讲一些技巧

作为居高临下的关键人物，身边总有溜须拍马、曲意逢迎的人，这些人也都在积极地寻找巴结关键人物的时机。因此，在想要与关键人物攀附关系的人群中，也存在着一种畸形的竞争关系。那么，怎样才能在这种不可告人的竞争中取胜呢？有经验的人都知道，必要时可以使用一些技巧。因为任何一位关键人物都自觉或不自觉地处在错综复杂的社会矛盾中，这些矛盾有的对他有利，有的对他有害；有的他自己一目了然，有的他无从察觉。那么，如果你要攀附于他，就应该认真关注这些矛盾的来龙去脉，一旦遇到特殊情况或特殊机遇，便可以委婉干预。通过这样的手段，你很可能成为关键人物的心腹，还何愁他不帮助办事呢？

因此，只要在攀附关系上下了功夫，你就一定能在关键人物那里收获到一些感情。凭借这种攀附出来的感情把自己的事情办成，也不失为一种获得成功的方法。

有精英相助生意自然好做

当你做生意遇到困难的时候，放眼四顾，最先想到的往往是与你关系最密切的那几个朋友。借朋友之力是生活中、生意上最常用到的自救方式。

俗话说：孤掌难鸣、独木不成桥。一个步入社会生活的人，必须寻求他人的帮助，借他人之力，方便自己。就算我们浑身都是铁，也打不了几个铆钉，何况我们大多烂泥一团，没有多少真材料。不过，“他人”只是一个泛泛的概念，有些不着边际，而且这些“他人”大多都是你的陌路人、不太熟悉的人、关系很一般的人，他们大多都不能实际地帮助你，具体地帮助你。“他人”中只有一种人能够实际地帮助你，具体地帮助你，那就是朋友。这些贴近你的亲朋好友，总是给你各种各样的帮助。你遇有危难紧急总是他们帮你排忧解难，渡过危机。或者当你吉星高照时，也是他们为你抬轿唱喏。这是一个特定的圈子，圈子虽小，作用却难以估测。

商界金言曰：“一流人才最注重人缘。”又说：“擦肩而过也有前世姻缘。”因此商界中最重交友之道。

确实，朋友之力很重要。生意人在世间上的一举一动，所接触的大人物或小人物都很可能变成日后成败的因素。而世间密密麻麻地结着人缘的网，每个人都生活在一个个的网眼之中，攀附着网丝可以和许多人结交朋友。如果能和这么多人建立朋友关系，使他们能够在事业上帮助你、支持你、配合你，相信你的生意一定非常成功。

因此，你结的朋友越多、越坚固，你就有了一个无形而巨大的财产。不用说，以此为资本，不管在买卖上或金融上都将为你开拓一条康庄大道。

就社会和自然状况来看，孤单的斗不赢集体的。一个人在社会中，如果没有朋友，没有他人的帮助，他的境况会十分糟糕。普通人如此，一个想要成就大事业的人更是如此。如果失去了他人的帮助，不能利用他人之力，任何事业都无从谈起。

借朋友之力，是让自己能够高居人上的好方式。黄巾乱世之中，刘关张邂逅相逢，桃园结义，成就了千古美名，也奠定了西蜀王朝的根基。以后三分天下，西蜀称帝。刘备始为皇帝，关张也成开国元勋，西蜀重臣。回头看看，刘关张结义之时，三人均是下层草民。刘备虽是汉室皇亲，却落得流浪街市，贩席为生；张飞只是一个屠夫、粗人；关羽杀人在逃，无处立身。三人结义后，彼此借重，相得益彰。董卓之乱时，吕布称枭雄。刘关张大战吕布，却只打成平手，可见吕布何等英雄。但吕布匹夫无助，枉自豪勇，最终被曹操所杀。而刘关张却在大争斗中彼此相依靠，日益得势，最终立国树勋。这是借朋友之力的一个典型例子。西汉刘邦，也是一个善借朋友、他人之力者。刘邦出身低微，学无所长，文不能著书立说，武不能挥刀舞枪。但刘邦天生豪爽，善用他人，胆识无双。早年穷困不名时，他身无分文，却敢独坐上宾。押送囚徒时，居然敢私违王法，纵囚逃散。以后揭竿起义，云集四方豪杰，无论哪种背景的人或敌方的人，最后都为他所有。如韩信、彭越、英布，这些威震天下的悍将英雄，原先都是他的死敌项羽手下的人。至于刘邦身边的谋臣武将，如萧何、曹参、樊哙、张良等，都是他早期小圈子里的人，萧何、曹参、樊哙更是刘邦的家乡故邻，亲戚六眷。他们在刘邦楚汉争战中，劳苦功高，最终帮助刘邦建立了西汉王朝，也可以说刘邦利用他们成就了自己的帝王之业。

不仅帝王将相需要借他人之力，就是平民百姓也离不开三朋四友，更何况下海经商的生意人。俗话说：一个好汉三个帮，一个篱篱三个桩。这都说明要借用朋友之力。来自朋友的帮助最真诚和无私，有的甚至不求回报。唯其如此，向朋友求助时要慎重，朋友之力非必要时不借、非紧急时不借，这样才可以保证当你真正需要时一借而成。

尽量挂上金字招牌

借力不能滥借，不能什么都借，应该只借自己最紧迫需要的东西。

在中国的电脑圣地中关村，提起柳传志和他所创立的“联想”，恐怕无人不知，无人不晓。的确，于公有上百亿元的年销售额，于私有上亿元的身家，这都不是一般人能轻易达到的创富高度。经商取得如此成就，头上的光环自然多多，但在这光环笼罩之下的，是他不平凡的创业和发展历程，其中最为他自己庆幸的就是在联想创业之初就“借”到了一块金字招牌。

1984 年 11 月 1 日，联想集团公司的前身中国科学院计算技术研究所新技术发展公司成立。在当时还属偏僻之地的中关村又多了一家实在不起眼的新公司。柳传志和另外 10 个被认为不太安分的知识分子在这里开始摸索赚钱之道。

当时公司的基本状况是：中科院计算所投资 20 万元加上一间 20 平方米的小平房以及端着计算所“铁饭碗”的 11 个人。创办初期，与“两通两海”相比，这家公司实在不起眼。那时候到政府部门开会，联想的总经理总是早早到场，坐到第一排。如果有机会讨论，一定要抢着发言，目的是引起领导的注意以便得到支持。

很明显，这是一家地道的国营企业，因为投资少、规模小，也许投资者并没有指望这个小公司能干出多么大的事情来。但国营这一点，对于刚刚诞生的这个小企业来说却是至关重要的。柳传志他们非常清楚，国营企业在很多方面都具有民营企业不可比拟的优势，正是基于这一点，柳传志才能发挥自己的优势，用活用足政策，把联想这样一个名不见经传的小企业发展成一个举世瞩目的大企业。

成立前期，柳传志和创业的同事考虑，计算所只投资是不够的，更主要的是应该放权。于是他们向所里提出要三权：一是人事权，所里不能往公司塞人；二是财务权，公司把该交国家的、科学院的、计算所的资金上缴以后，剩下的资金支配所里不要管；三是经营决策权，公司的重大经营决策由自己做主。

虽然投资不多，但在柳传志的要求下，计算所将三件宝交给公司。一是下放人事、财务和经营自主权，也就是在机制上保证后来柳传志所说的“民营”。二是保证所里上千名科技人员做公司后盾。这一点在当时可能并不觉得有多么重要，因为中科院是知识分子扎堆的地方，也许还有人觉得是计算所在甩包袱。但是，高素质的创业人员可能是当时计算所新技术发展公司最大的财富。三是给一块“中科院计算所”的金字招牌。这是计算所新技术发展公司重要的无形资产，有了中科院计算所这块国内计算机界的顶尖招牌，对公司发展业务肯定有很强的支持作用。因此，柳传志一直到1988 年还在强调“我们是官办公司”，那是一块“金字招牌”，他们清楚地认识到了这个优势，也充分地利用了它。

在当时的市场条件下，国有企业最大的好处是贷款容易、税收优惠以及有商业信誉等。回顾联想集团的发展历程，国有优势的发挥在关键时刻往往是功不可没。柳传志曾直言不讳地说：“1988 年我们能到香港发展，‘金海王工程’为什么去不了？因为它是私营的，而我们有科学院出来说话：‘这是我们的公司。’”香港联想开业三个月就收回 90 万港币的全部投资，第一年营业额高达 1.2 亿港币，“国有”的优势再一次得到体现。甚至在企业发展的后期，联想还一如既往地享受着“国有”的恩惠，与政府成功地合作、开发并实施了诸多的合作项目。

一次，中国科学院进口了 500 台 IBM 计算机，配给其下属的上百家研究院。柳传志等得知后，天天跑中国科学院。当时的信通公司等也在争这笔业务，但是，联想决定只收价格 4% 的维修服务培训费，这使其他公司觉得没法做。新技术公司有很多人曾经参与过我国大型机的研制，技术力量很强，加上这些人的努力，一趟一趟地跑，终于感动了中科院，于是科学院把这500台计算机的验机、培训、维修的业务交给了联想。

联想就这样迎来了第一桩大生意。500台计算机把两间小屋堆满了。由于场地小，排不开，只好腾出一间屋子验机，其他人便都挤在另一间小屋子办公。这笔业务做得非常不容易，做完之后，扣除3%的成本，只剩下1%的利润，但是，由于联想服务、培训等工作做得非常出色，得到了用户的好评，最终把他们的服务费涨到了7%。于是联想终于挣到了公司的第一笔巨额利润70万元。

赚这笔钱主要靠的是技术，是以验机、培训、维修机器等为主要服务内容，采取出卖技术劳动力的方式赚取的。

第一桶金的掘得是因为发挥了新技术公司的长处，利用自身的知识和技术，并且也是靠着中科院这个背景，这两点优势在中科院计算所新技术发展公司的创业过程中起着重要的作用。

借力不容易，把借到的力用好更难。用好它就得仔细分析好双方的优劣，然后再优势互补，以发挥所借之力的最大功效。成功商人不仅是一个善借者，更是一个善用者。虽然人生得意、财源滚滚是每个人都梦寐以求的，然而，却不是每个人都能轻易得到的。这是因为个人的力量相对于社会整体而言实在太弱小了，以至于单凭一己之力有些想法几乎无法实现。但如果你懂得借路而行，就可以做到以小博大。在生意场的打拼中，借力是一种重要的方法，其形式各种各样，但最终目的都是利用别人的力量、优势达到自己的目的。从某种意义上说，任何人都需要借他人的力量成事。正如卡耐基墓碑上刻的一句话："这里躺着一个人，他明白如何集合比他能干的人在他身边。"

大凡成功者必善于利用他人之力，从而使自己拥有一双能翱翔寰宇的羽翼，比别人飞得更高，飞得更远。

通过别人的圈子扩大自己的朋友圈子

你不能指望你认识的每一个人都能为你的生意效劳。为了做生意，有目的地去交朋友本无可厚非，但你必须明确一点，生意上的朋友关系大多是通过不同需求的互补交换建立的长期关系。从这一意义上说，找到更多互补交换的理由就能尽量多地结交朋友。

那么，怎样才能结交更多的朋友呢？要知道，每一个人都有一个属于自己的朋友圈子，通过一个朋友结交他的整个朋友圈子，并如此循环延展，这无疑是个不错的主意。每个生意人的人脉网都是不一样的，朋友身边的朋友也有可能成为你的朋友。这就如同数学里的乘方，以这样的方式来建立人脉，速度是相当惊人的。众所周知，在商场的人脉网中，朋友的介绍就相当于信用担保，朋友要把你介绍给其他人，就意味着朋友是在为你作担保。基于这一点，你可以请你的朋友多介绍他的朋友给你认识。这就好比在客户服务中，如果你的新客户是一个实力很强的老客户介绍来的，那么这位新客户一定就会立即接受你或你的服务。当人脉关系链接成社会网络的时候，你会发现建立每个人脉的成本都是很低的，你根本不需要花更多的时间去作介绍或者请客吃饭，这样你既节省了时间又节省了金钱。生意人思考问题通常只是站在自己的角度。交际再广的人，在社会关系中也会存在着一些缺失。因此，多认识一些带圈子的朋友就可以弥补生意人在社会关系上的不足。要认识一些带圈子的朋友，必须首先肯定一个前提：如同做生意一样，生意人所拥有的人脉关系也是一种社会交换。生意人跟朋友之间之所以可以维持一种互动关系，是因为生意人各自拥有可供交换的东西，而且这种交换是不同价值之间的交换。生意人可以通过不同价值之间的交换来弥补各自的需要，使自己从中受益。

“你希望别人怎样对你，你就以怎样的方式对别人”，这是人脉关系的一个黄金法则，要想获得朋友圈子里的资源，你就要舍得奉献出你自己圈子里的资源。

通过别人的圈子建立和扩大自己的朋友圈子，然后再正确认识和利用这些人脉资源，就等于给你的生意插上了一对展翅高飞的翅膀。

做生意要把与社区建立关系放在首位

经商与社区是鱼和水的关系。进行任何商业活动，都要依赖社会所提供的环境，比如商业活动的场所、商业活动所需物资来源等。

商业活动的场所是进行商业活动必要的前提条件。正如没有土壤就没有生机勃勃的万物一样，没有商业活动的场所，就没有商业活动的进展。社会各个地方都存在不同的商业活动，而这些商业活动必须依赖它们所处的社区。一个商业活动能否在一个社区存活并扎根，关键要看它与所在社区之间关系的和谐程度。

经商者进行商业活动，都有自己的意图，即占有和控制市场，以达到自己营利的目的。而社区也有自己的原则与目的。对于一个社区来说，是为了社区本身的发展和利益，维护社区居民的利益。当经商者与社区为了各自的利益相互碰撞时，矛盾与摩擦就不可避免地出现了。通常，经营者可以在一个社区进行商业投资并从中获得可观的利润。但是，一旦被认定为不利于社区的发展、损害社区的利益、破坏社区的形象，经营者的经营活动就会被社区所排斥和抵制。那样，经营者就只能望“社区”兴叹了。即使强行进驻社区，经营活动也会变得无利可图，最后只能怏怏而退，败走“社区”。因此，要想在社区中站稳脚跟，加快发展商业活动，经营者就必须学会开拓新关系，要尽量与社区融合在一起，让商业活动成为社区所必需，乃至成为社区的核心之一和形象代表。这样社区与经营者才能互惠互利，互相帮助，共同发展。

作为一种较为高级的清凉饮料，可乐已被越来越多的人所喜爱。在可乐家族中，可口可乐雄居第一。目前，全世界已有 206 个国家和地区的人们饮用可乐，日消耗2亿瓶约7.5万吨。

可口可乐能有今日的辉煌，公司第二任董事长伍德鲁夫功不可没。他是个精明强干、有雄才伟略的人。在当时美国饮料市场逐渐饱和的情况下，他认定只有另辟市场才有出路，所以提出了一个惊人的构想："要让全世界的人都能喝上可口可乐。"

但是，要打开国外市场，使"可口可乐"深入人心，这并非易事。因为每个国家都有自己的饮料，而这种饮料可能占据着国内大部分的市场，并且各国的人民都有不同的习惯。可是，伍德鲁夫成功了。"可口可乐"成功地进入国外市场，受到各国人民的青睐，并很快地占有了市场。

伍德鲁夫成功的主要原因就在于制定了"当地主义"战略。他在当地开设公司，建立厂房，招收工人，为当地人提供了就业机会；在当地筹集资金，促进了当地的金融投资，给投资者带来利润，带动了当地经济的发展。同时他还积极地帮助当地人开发资源，为当地人提供了很多的福利。就这样，可口可乐公司的政策深入人心，受到当地人的好评。当地人也给予了可口可乐公司极大的支持与帮助，为可口可乐公司创造了良好的发展环境。可口可乐公司就这样在当地扎了根，并迅速地发展起来。

这是一个企业与社区相融合、携手共进的典型事例。一个有远见卓识的经商者，深知经商环境对经商活动的重要意义。商业活动必须依赖社区，离开社区的支持与协助，商业活动就无法开展。因此，一个企业或公司，经营活动一定要诚恳地与社区合作，并充分利用社区的需要来满足自己的需要，达到自己的目的。

经营者还应看到，为社区造福，不仅不会损害自己的利益，反而可以创造时机，为自己商业活动的开展和扩大打下坚实基础。

商业活动实际上是一个连续的、循环的过程。任何一步的脱节，都会影响到以后的发展。而在社区中创造良好的经营环境，就是为以后进一步的发展创造机遇。如果一个商业活动被社区接纳了，就能在社区积极的支持和协助下顺利地开展，同时为社区本身制造福利。这样，在社区内，生产、运输、销售就能比较顺利地进行。整个环节正常运转了，财源也就滚滚而来了。

谭锋是一家冷饮店的经理。当初，他把店铺建在某个社区时，曾受到该社区居民的强烈攻击。该区向来以环境整洁优美而闻名，人们担心谭锋的冷饮店会严重破坏该社区的形象，因为用来装冷饮的容器可能会被四处乱扔，弄得社区到处是垃圾。

为了尽快融入这个社区，为自己的商品打开销路，谭锋特意花了一笔钱，为社区添置了很多形状各异、五颜六色的垃圾箱。这样一来，不但有利于维持整个社区的干净卫生，还使社区环境看上去更为美观。

谭锋的做法博得了社区的好感。社区居民被谭锋的诚意感动了，主动接纳了谭锋的冷饮店。谭锋的商品很快成为这个社区人们最喜爱的商品之一。此外，社区居民还主动帮助谭锋向其他社区推销产品。为了感谢整个社区的支持和协助，谭锋设立了一个“青年阅览室”，使社区里的青年可以利用空闲时间在此阅读到很多有用的书籍。

就在这种与社区互利的状态中，谭锋扩大了经营范围，取得了成功。

正是因为社区对企业的生存和发展有着如此深刻的影响，作为一个有远见的经商者，就不能不注重并搞好企业与社区的关系。从伍德鲁夫与谭锋的例子，我们可以体会到：只有和社区相互融合、为社区多做贡献，才能换取社区对经商者的支持和配合。

企业与社区的和睦关系是企业生存和发展的根本保障，是企业进行生产经营活动的客观需要，也是社区繁荣稳定的可靠基础。社区是企业赖以生存、发展的“土壤”，而企业也可为社区作出贡献和帮助，促进社区的繁荣与发展。因此，企业与社区之间唯有互惠互利、相互帮助、结成和睦关系，才能共同发展、共创美好未来。

一个优秀的、具有雄才大略的经商者决不会离开社区，孤军奋战，或者无视社区的需要，只追求自己的利益，盲目瞎干。这样，结局只能是失败。

同样，社区也需要企业的支持与扶助，离开企业，社区也不会有经济的繁荣与发展。

生意人必须谨记一点：社区与企业，分则两败俱伤，合则共同发展。

第二章　做好公益会获得更大收益

商人们都懂得如下的道理：公益的背后往往都是巨大的商业利益。一个经商者欲到某地开发，先把钱财投到当地的学校和福利院，那他已成功了一大半。兵马未到，人情先行，利他人、利社会的公益行为会名正言顺地为你的未来铺平道路。公益是一项事业，利益是一种收益，公益的必然收益就是利益。“赚钱为行善”，“行善为赚钱”，两者可以形成良性循环：挣的钱多了，就能做更大的好事；做好事的意愿，会激励自己挣更多的钱。奉献的人总能得到回报。一个心中想着他人的人，人们也一定想着他。

“无形资本”更值钱

有时候，做生意需要考虑经济利益以外的问题。世故人情、街谈巷议等，跟生意虽没有直接关系，最后却都会不知不觉地影响到生意。所以，它们被称为“无形资本”。一个商人有多大实力，不但要看他有多大本钱，还要看他有多大的无形资本。只有钱而没有无形资本，根本就做不成生意。

所以，明智的商人，不光是考虑赚钱，还会设法做大自己的“无形资本”。

郑周永是韩国“现代”集团公司的创始人。有一年，他的公司承包了釜山洛东江一座大桥的建造工程。在施工过程中，受经济危机的影响，物价暴涨，修建大桥的各种原材料价格也成倍上涨。按当时的物价计算，工程费用总额竟是签约时预算费用的七倍。如果继续执行合同，“现代”公司将有破产的危险。公司的主管们纷纷向郑周永建议，必须与发包方交涉，要求增加建设费用，否则，马上停止施工。这一建议无疑是合理的，也很可能得到发包方谅解。

但是，郑周永却力排众议，坚持执行原合同。他表示，无论亏盈如何，为了公司的信誉，必须按期完工。他率领公司全体员工，克服种种困难，最终使工程按期交付使用，而且完全符合质量要求。这个工程，使“现代”公司出现了巨大的亏空，但郑周永重誉守信的名声却传遍全国。凭借这笔“无形资本”，郑周永击败多家竞争公司，一举夺得复建江大桥这项韩国最大规模的桥梁建设工程。在这项工程中，“现代”公司获得了巨额利润，一跃成为韩国建筑业的霸主。

日本和田家的八佰伴原先只是一个夫妻小店，专营水果，主要做街坊邻居的生意。和田家的人很讲信用，只求合理利润，从不赚亏心钱，所以人缘很好，生意渐渐兴旺起来。

后来，八佰伴借鉴美国超级市场的经验，改变了经营方式，经营范围从水果逐步扩展到杂货、副食、日用百货等。

在经营中，八佰伴坚持明码实价，从不将二、三流的货物标上一流的价格，也不会将劣质商品当成优质商品出售。

有一年，日本东海岸遭台风袭击，暴雨成灾，很多道路被冲毁，交通阻断，造成货物运输困难。很多商人趁机赚取暴利，将有些紧俏物资的价格抬高到平时的 5－10 倍。

八佰伴主要经营日常用品，它的大部分商品在这时候都是紧俏货，如果像别人一样哄抬价格，必可大获其利。但他们没有这么做。和田家的人认为，在大家面临困境的时候乘人之危，是不道德的行为。他们还是按平时的价格出售商品。

八佰伴虽然放弃了获取暴利的机会，却在顾客中赢得了长久的信誉。天灾过后，来这里购物的人比以前多了好几倍，从长远来看，它获得的利润远远多于一时暴利。

“无形资本”就像空气一样，虽然看不见，却时刻在发挥作用。正因为看不见，很多人不相信它的作用。什么“好心没好报”“良心值几个钱”之类的说法，正是这种观点的反映。有的商人着眼于现得的收获，把“公道”二字丢在一边，昧着良心赚黑钱。这不仅是一个品质问题，也是一个智商问题。如果他们知道“无形资本”的价值，做事就不会如此无所顾忌。

我们所说的“运气”，其实就是从“无形资本”得来的，比如在关键时刻遇到一个机会，或者得到“贵人”相助，看似幸运，实际上是“无形资本”积累带来的好处。假如一个人把名声搞臭了，把周围的人都得罪光了，他就什么好运气也不会有了。

“现代”和“八佰伴”的义举，为他们树立起崇高的商业形象，他们的信誉和声望义薄云天。信誉和声望无疑又回馈他们无尽的生意与财富。

且不论他们是否有更高层次的思想意识，我们即以商论商，这些举动，也无疑是经商中的上乘之作。表面上资助非营利甚至“倒贴”的社会公益事业，无私地奉献出爱心，实际上所起的广告效应，会远远大于同等成本的“硬性”广告。并且，“硬”广告，只是让人知道，而“软”广告却在出名的同时获得好感与支持。

企业如何回报社会，方式多种多样，比如，捐助、义卖、让利等公益活动，这是企业对弱势群体充满关怀的一个方面。这种关怀，不是蓄谋已久、有备而来的交换，而是一个处于良性循环的企业对社会的必然回馈。

作为世界首富的比尔·盖茨，在另一个排行榜上的排名也深深地感染了世人：多年来，比尔·盖茨与夫人梅琳达为艾滋病患者、第三世界人民捐款达30多亿美元，被称为世界上“最慷慨的人”。卡耐基有句名言，“富人在道义上有义务把他们的一部分财产分给穷人”。盖茨正是实践了这句话。

企业要回报社会，要为社会做事情，首先自己要发展起来，不仅要做大，而且要做强。确实，一个企业如果不能够做强，他自己本身亏损了，又怎么能够去回报社会呢？这一点非常重要。

作为一个优秀企业家，要把个人、企业和社会结合起来。个人的成功要和企业的发展统一起来，要把企业的发展和社会的进步统一起来。有的人尽管个人也成功了，企业也有一定发展，但是他缺乏一种社会责任感，对于社会的进步贡献不大。这样的企业家，称不上完美。只有把个人的成功、企业的发展和社会进步结合起来的人，这才是比较完美的企业家。

可以说，不管是做什么，把“无形资本”运用好，得来的自然是源源不断的财富。

“事不关己，高高挂起”的结果是害自己

“个人自扫门前雪，莫管他人瓦上霜”，有些短视的商人往往持此心态来处理企业问题：当同行或竞争对手发生危机事件时，只要这个事件不会影响到本企业的经营和生产，他们就会认为这个危机与自己无关，从而任由事态发展而不去理睬，或抱着隔岸观火的心态，在一旁幸灾乐祸，有些行为恶劣的甚至还会落井下石。

殊不知，虽然从表面上看，这些危机不会影响到本企业的发展，但是，身在同一个行业，很多企业通常都是一荣俱荣、一损俱损的，特别是在面对一些会影响到整个行业形象的危机事件时，如果处理不当，隔岸观火者也很有可能成为众矢之的。

汾酒，从最早的民间传说，到“牧童遥指杏花村”的唐诗美誉，到建国后众多国家领导人、文人墨客的题词留言，使其独特的文化内涵形成了品牌的巨大魅力。

作为我国著名的白酒老字号品牌，汾酒曾为中国八大名酒之一，一直在白酒业处于遥遥领先的地位。可是，自从 1998 年山西假酒案发生之后，汾酒便一蹶不振，销量与当初相比不能同日而语，价格也在不断下跌。

很多人提到汾酒时，都认为是假酒害了这个企业，可事实上，真正害了这个企业的恰恰是企业管理者那种“事不关己，高高挂起”的心态。

当山西朔州最初发生假酒事件时，表面看上去似乎与汾酒毫无瓜葛，仅仅是事件发生地点与汾酒生产地恰恰在同一个地方罢了。于是，汾酒企业的管理者便因此认定此事与自己无关，无须理会，所以并未有所行动。

然而，这种心理不止无助于汾酒渡过这场危机，反而在后来发现假冒汾酒时，让企业的管理者处处被动，直至逐渐走向下坡路。

当时，假冒汾酒被查出来，消费者便炸开了锅——消费者不知道此“汾酒”非彼“汾酒”，但是他们却知道，喝假酒轻则失明、重则死亡，有谁还敢喝？

汾酒企业的管理者直到此时才开始着急，开始声讨制假、贩假者，开始要求加强法制建设。但是，这种着急是为自己着急，不是急消费者所急，所以消费者不会领情，不会觉得汾酒是一个如何贴心的企业。

相比之下，古井贡酒就聪明得多，其董事长早就借着假酒事件在报纸上发表了一封公开信，指出中国白酒行业应该以立法的形式来杜绝造假这股不正之风，并表示将为假酒事件受害者家属捐助20万元人民币的抚恤金，同时告诫消费者在购买白酒时要谨慎。

这一举动在推出之初就立刻引起了较大的反响，各大报纸纷纷转载古井贡集团董事长的信，“3·15”专题节目也对该董事长进行了专访。当企业的管理者做出了这样的行为之后，就算市场上发现古井贡假酒，相信消费者的同情也会多于抵制。

显然，汾酒在这次假酒事件中主要是落后在了企业管理者那种漠不关心的态度上——如果汾酒把那些受害者当做自己的消费者，那么“自己的酒民”中毒了，为什么不予以重视呢？这种冷漠的态度自然不会博得消费者的信赖。因此，即使没有假汾酒事件，在全行业名誉都受到损害之时，一个只顾自己的企业肯定也无法幸存。

许多商人都是幸灾乐祸的时候多于承担责任的时候，当危机事件事不关己时，他们只会坐视不理，任其恶化；而当危机事件降到自己身上时，他们最常做的就是推卸责任，这是多么不负责任且自私的态度！

在2004年的安徽阜阳“毒奶粉”事件中，很多正规的国内奶粉制造企业也是采取了“事不关己，高高挂起”的心态来面对，认为那是别人的产品有问题，与自己无关。可事实上，“毒奶粉”事件之后，消费者对于国内奶粉的信心已经严重下挫，很多人都放弃了那些国内品牌，改买国外产品，而国内那些不知名的品牌更是受到了致命的打击。

这便是“事不关己，高高挂起”的危害，如果商人们仍然抱着这种态度来经营自己的企业、面对他人的危机，那么，这不但无法使企业真正远离危害、远离灾难，反而会将企业推入万丈深渊，无力自救！

而高瞻远瞩、具有战略眼光的智慧商人却不是这样，他们总是把自己所属的行业看成是自己生存的天地，他们明白，天塌了，地陷了，“覆巢之下无完卵”，因而在危机之下挺身而出，救别人，也救自己。我们前面讲到的20世纪70年代李嘉诚带领香港塑胶行业摆脱困境的事例可称为经典。李嘉诚没有喊什么空口号，他用自己的实际行动拯救了香港橡胶业，同时也赢得了一大批人的“支持”。

生物链中的任何一环断裂，整个自然界就要陷入灭亡的境地。人类社会也是一样，一项产业与其他相邻的产业都是息息相关的，而同一行业的各个企业更是生死与共，所以，任何一种“事不关己，高高挂起”的自我心态到头来都是搬起石头砸自己的脚。

仁中取利真君子，义内求财大丈夫

对于一个商人而言，追逐利润是天经地义的事。但真正的有智慧的人在追逐利润之外，还有更高远的目标。在他们中间，共同信奉这样一个道理：我要赚钱，先要让人赚钱。许多成功的商人都有一条不容忽视的经验：先有信，次有义，最后才有利。

“仁中取利真君子，义内求财大丈夫。”义乌商人总是千方百计先让进货老板赚钱，等老板赚到了钱，他才会回过头来继续买你的货，进而让你赚更多的钱。

义乌商人十分注重与客户建立良好的感情，讲信誉、重视老客户，他们认为只有这样才会有持久的发展。用当地话通俗的讲就是，“骗能骗一次，不能骗一世”。

义乌华鸿控股集团董事长龚品忠 1990 年借债 2000 元开始经营工艺镜框，目前已成为以相框为主，涉足工艺时钟、塑胶、纸业等相关领域的现代化企业集团。龚品忠说：是义乌人的“义”字当头使他与许多客商建立了友好感情，促使生意越做越大。

1998 年，华鸿控股集团公司开始大规模拓展海外市场。一次，一位非洲客商从他的企业进了一批相框，但在海运途中遭遇了一场大风浪，致使相框大量破碎，造成了巨大的损失。运输途中的意外本与生产公司没有关系，但龚品忠在得知情况后，主动承担一半损失。他对客户说：“既然你跟我做生意，就是我的朋友，朋友之间要有福同享，有难同当。”这位老外被龚品忠的这种朋友义气所感动，两人从此结成患难之交，时至今日，这位老外依然向华鸿公司进货。

龚品忠认为，公司当时虽然有所损失，但由此树立了良好的信誉。讲义，不会有直接的效益，但迟早会体现其效益，义积累到一定时候，会给人带来意外丰厚的回报。

山西票号也是中西现代金融业的“管理榜样”。山西票号的掌柜们认为，经商是与人打交道，与物打交道，处人、理事、经营，要坚持道御经营，和贯始终。“仁义礼智信信中取利，温良恭俭让让中求财。”需要执两用中，无过不及，处人适情，处物适则，处事适理，人和、物义、事中。他们笃信“和气生财”，重视社会各方面的和谐相处，注重建立和谐的“相与”关系。通过同乡同业会馆和关公崇拜，联乡谊，通信息，讲帮靠，协调相互关系。解决商务纠纷，坚持孔子解决社会冲突的两个原则，一曰仁，二曰和，这形成了晋商与人为善、求同存异，和气生财、博大宽厚、乐施好善、自强不息的为商之道。提倡商人修身正己，实现心智双修。晋商认为管理商号的关键在管人，管人要晓之以理，动之以情，关心人，尊重人，人身股就是晋商称雄商界500多年的有力武器。员工初入商号，享有薪金、衣资、号中伙食等待遇，随着年资增长，会有顶身股资格，一个商号的人身股总数常常超过资本股，使员工感到东家和大掌柜与自己是一家人。晋商退休后待遇不变，死亡后身股享受1~8年不等。

“君子爱财，取之有道”，追求利润的前提是，见利思义，先义后利，以义制利，以义取利。当然，不创造利润的企业不称为企业，但是企业绝不能唯利是图，要在向社会提供合理价格与合格产品的前提下营利，强调企业的社会责任。

诺贝尔奖获得者会集发表的《巴黎宣言》已经讲得很清楚了，人们要想在21世纪生活得更好，必须回到2500年以前从孔夫子那里寻找智慧。学习仁义礼智信，少一点唯利是图的“经济人”本能，多一点平等、正义与和谐，今天的人们便能远离由贪婪引起的经济危机。

悄悄地为他人做点好事

许多人在为他人做好事、行方便的时候，总会告诉别人，心里悄悄地企盼着对方对自己有所肯定。

我们要求自己健全人格，希望自己成为某种有思想的人，所以我们加强自身修养，经常做些好事，对别人施以仁爱。这样做可以提高自我意识，认识到自己善良的品质，并肯定自我价值。

我们为他人做好事的行为本质上是很好的，但是要记住：我们只是为了通过自己善良的行动为他人创造美好生活，而不是为了让别人知道“我有恩于你”。实际上，你做好事的同时，你善良的本性已经使你感觉愉快——你仁爱的意义即在于此，所以千万别图回报。

既然要付出，就单纯地付出，不要图回报，这就是为什么要提倡“悄悄地为他人做点好事”。别人的感激与表扬并不是你最需要的，你真正得到的有意义的回报是你无私奉献的热情——只要你有了这种热情，你的生活就更加美好、更加惬意起来。所以，下次你为别人做好事的时候，不要声张——你的心情坦然了，你就能体会到奉献的乐趣。这是一种跟你的生活密切相关的处事方式，它不仅会带给你快乐，而且会让你做起来更有热情。

然而在日常的生活中，无论是有意或是无意，我们总是想从别人那里得到点什么，尤其是当我们为别人做了点什么的时候。比方说常常出现这样的情况：住在同一间寝室的人常说“既然我打扫了洗手间，那么她就应该将厨房清理一下”，或是邻居之间认为“我上周帮他们家照顾了一下午孩子，这次总该他们帮我了吧”。而每当出现这种情况的时候，我们都认为我们所付出的已远远超过所得到的回报。

实际上，一个真正有智慧、内心充满平和宁静的人，每当他为别人制造方便的时候，他往往只想到要去做，而做了之后他就更会感到灵魂中的快乐。正如同适当地做一些运动可以使人身心都得到放松一样，你的这些爱心行动也可以使你在情感上得到同等程度的愉悦，你感觉上的回报就是你意识到你做了这些“小小的”好事。

如果你感到替别人做了什么而得不到任何回报，那么导致你心理不平衡的根本原因是隐藏在你内心的互惠主义，它干扰你内心的平静，它使你老是在想：我想要什么，我需要什么，我应当去索取什么。如果行善事而有所图，也许好事会变成坏事。有一位美国青年，曾从深井中救出一个小女孩，得到女孩父母的深深感激和众人的钦佩。不幸的是，从此以后，他无论走到哪里都希望人们知道他的这一善行。随着岁月流逝，人们将这事渐渐淡忘了，他却念念不忘，越来越无法忍受人们如此对待他这样一个救人英雄，最后不得不选择了自杀。维吾尔族传说中最聪明的人阿凡提曾经说过：人家对你做的好事，你要永远记住；你对人家做的好事，你要立即忘记。这位美国青年若能领会到阿凡提的名言，这个悲剧或许就能避免。

多在你的生活中试着真心真意地去帮助别人，别让你自己有意无意就想着“我将得到什么样的回报”，你最好渐渐地摈弃这种想法。当行善完全发自你的意愿时，你一定可以体会到帮助他人而不在乎你所帮的人会给你什么样的报答，只是真心实意地去做你所能做到的，将是件很快乐的事情。如果你真的这么做了，你就会感到这一切对于你心灵的回报——一种和平、宁静、温暖的感觉。

助人就是助己

有这样的一个故事。说是一位小伙子从北方带回一些玉米良种，在自家的责任田里试种，结果到收获时，这块田里玉米的产量比往年翻了一番。村民们知道这个消息后，纷纷找到小伙子，要求购他的玉米良种，可无论怎么说，小伙子就是不答应，村民们只好作罢。

第二年春天，小伙子将自家的责任田全部种上了玉米良种，等待着一个丰收季节的到来。不料事与愿违，这一年他家的玉米不但没有丰收，而且比过去普通玉米种子的产量还低。农技专家在考察后说："这是良种玉米接受了附近普通玉米的花粉所致。假如大家都种上良种玉米，就不会出现这种结果。"小伙子这才醒悟，感叹说："帮人就是帮自己啊！"

助人就是助己，生存就是共存。社会分工越细，每个人对他人的依存度就越高，不会与别人合作，甚至排斥异己，就相当于把自己送入地狱。

商场经营、做生意也是同样的道理，友善地对待每一位顾客，即是做活事业和做大事业的根本之道。

李嘉诚年轻时，曾在一家生产塑料洒水壶的工厂当推销员。在实践中，他摸索出了一种以情动心的推销方法：他每天早早地赶到人家公司门前，这时尚未到上班时间，只有清洁工在打扫。李嘉诚就对清洁工说："我帮您洒点水试试。"洒过水后，扫地就没有灰尘了。清洁工一方面觉得这玩意儿管用；另一方面见李嘉诚帮了忙，心怀好感，因此极力向老板推荐他的洒水壶，有时一买就是好几个。

在人家上班的时间，李嘉诚也有办法。他对那些有权决定采购的主管说："我给您演示一下这种产品的特点，顺便给您扫扫地。"地扫完了，极少有人拒绝买他的洒水壶。

李嘉诚这种方法，既展示了产品的优点，又显示了自己的诚意，效果非常好。运用这种方法，他成为那个工厂最好的推销员。

只用智商却不用情商做生意的商人是不会有多大出息的，他们的眼睛盯着顾客的钱包，一门心思考虑如何从顾客身上掏出钱来，对顾客的心情和利益都毫无兴趣。自然，顾客也会捂紧自己的钱包，像防贼似的提防着他们的算计。在这种情况下，要想赚钱就非常不容易了。反过来考虑，你对顾客坦诚以对，撇开功利心，反而能让顾客心甘情愿地打开自己的钱包。

每个人的能力都有一定的限度，善于与人合作的人能够弥补自己能力的不足，达到自己原本达不到的目的。人与人之间相互配合，就会达到一群大雁向南飞的效果，只要你以一种开放的心态做好准备，只要你能包容他人，你就有可能与他人在协作中实现仅凭自己的力量无法实现的理想。

正所谓："帮助别人往上爬的人，会爬得最高。"如果你帮助一个孩子上了果树，你因此也就得到了你想品尝的果实，而且，你越是善于帮助别人，那么你得到的好处就会越多。

扶危济困，仁者无敌

商场上常见落井下石，踩沉对方，以为这样做自己可以少一个竞争对手。但切不可忘记，即使你真能扼杀了对方，总会有新的竞争对手崛起。一个人不可能独霸一个行业的。正如“野火烧不尽，春风吹又生”，一个人是赚不完所有的钱的。更兼风水轮流转，何日又到你家呢?

正确的取向是扶弱救困，救人于危难倒悬。这样不但赢得了人缘，积善积德，就是在商言商，你日后的所得势必要超过你的付出。李嘉诚就是一个被人们称为“救世主”的人，对这样的人，谁不愿意和他做生意呢?

企业家扶弱救困的品质不单单可以用于企业经营中，在日常的管理中也应时时得以体现。因为人是有感情的动物，不能强迫员工公私分明，一切私人感情均不带进办公室，更不要期望每一位员工都是硬汉或铁娘子，他们都需要别人的关怀。

——企业管理需要扶弱救困?

一位上司发觉他的秘书愁眉苦脸，要她倒杯奶茶，她却送来一杯咖啡，还不时将客户的名称忘记了。上司问她是否身体不适，并建议她回家休息，秘书道歉并称没事。情况持续了一星期，上司忍无可忍，轻责了她几句。不久，上司从她平日最要好的同事口中，得知秘书原来与相恋多年的男友分手了。

上司很同情她，但是他认为私人感情影响工作，仍是不能纵容的。他要秘书放一段假，并从职业介绍所雇来一位临时工。没想到那位秘书竟在休假期间跳楼自杀了，除了申诉感情失落外，其中一项竟是工作不如意。

实际上，一个感情受打击的人，很容易误解别人的意思，所以往往会出现“祸不单行”的情况，遇到一连串不如意的事。

——扶弱救困可以有效地安抚员工？

员工满怀心事，未必是因为工作不如意或身体不适，有可能是被外在因素影响的。例如，至亲的病故、家庭纠纷、经济陷于困境、爱情问题等，都会使一个人的情绪波动。作为上司，应予以体谅，并就员工某方面的良好表现加以赞赏，使他觉得自己的遭遇并非那么糟。

不过，有些员工非常情绪化，不管遇到什么琐碎的事情都显得不安。如果三天两头地安慰他，未免多此一举。最适当的做法是以长辈或过来人的身份，教他凡事别太执着，使其心情平静下来，重新投入工作中。

——管理中的扶弱救困也是一种感情投资？

某些时候，感情投资甚至比金钱投资更有效。既然员工是人而不是机器，那么笼络他们要远比苛责他们或对他们漠不关心更能打动他们的心。

以一天工作八小时计算，人生有 1/3 的时间用在工作中。如果工作不惬意，不是 1/3 的时间生活在不快乐中，而是除了睡眠时间外，所有时间都感到不快乐。有些较敏感的人甚至会出现失眠现象。这就足以证明，一份惬意的工作，对人生起着何其重要的影响。用笼络代替斥责，能让你跟员工打成一片，他们也更乐意为你效劳，共同为提高企业的竞争力而忘我工作。

善于吃亏是一种远见卓识

人们都以为经商必须要赢，吃亏的买卖是绝不能做的，其实这样的理念是把生意做死了。有时，吃亏是必须的，是赢的起因，敢于吃亏，善于吃亏，善于以暂时的损失来赢得市场的人，才是精明的生意人。

很多精明的生意人在经营过程中都善于让出一点利，换取巨大的市场和利益。他们追求的是结果而不是起始，靠的是比别人看得更宽，想得更全面的远见卓识。

格力电器公司的总经理朱江洪，就是一位善于吃亏，善于以暂时的损失来赢得市场的企业家。在他的领导下，公司的产品质量评价、市场占有率、售后服务三项指标均名列全国第一。

在他的创业史上留下了很多“吃亏”的故事。1984年春节前几天，朱江洪收到了西藏水泥厂驻京办事处的一封求购函。他马上断定，这是一封试探性极强投石问路的求购函，同样的函件必然会像天女散花一样飞向全国各地，许多同行也必然知道这个消息。

但是，朱江洪并没有停留在这一认识层面上，他意识到，西藏代表着中国一块很特殊的市场，应当全面认识到它的潜在价值！只要在西藏市场有了一个份额，就不用担心在其他地方没有份！虽然他也意识到这桩生意的艰难性，但他决心宁可先吃亏，也坚决要做成这桩生意。

第二天一大早，他就派出销售科长动身赶赴北京，明确表示，即使在经济上吃点亏也要签下这份供货合同。

朱江洪的缜密思路和过人的胆识让人大吃一惊，就连西藏水泥厂的代表也惊讶了，没料到朱江洪会这么“傻”！于是双方马上签订了供需合同。事情的发展正如朱江洪所料想的那样，这桩生意不仅没赚到一分钱，反而亏了不少。

当时，为了信守承诺履行合同，工厂的工人放弃了春节的假日加班加点，终于赶制出生产设备，因时值隆冬时节，运输难度大，厂里派出了五辆汽车取道云南入藏，其中一辆专门运输汽油用于补给。

结果，折腾了两个来月，终于如期交了货。在运输过程中不断出现的滑坡、塌方、暴风雨，使汽车运输队吃尽了苦头，朱江洪这回的的确确吃了不少亏。但朱江洪却认为自己赚了大便宜，因为，他用自己的行动赢得了信誉。而且，他有资格这样说："除了我国台湾省，我的产品覆盖全国!"果然没用几年工夫，朱江洪的产品畅销全国，一跃成为同行业的老大，吃了小亏的朱江洪终于捡回了大便宜。

吃亏是一门学问，敢于吃亏，善于吃亏的人，才是商战中的佼佼者。

下面我们再举一个精于算计、表面看是吃小亏而实际赚大钱的例子。

美国加州有位青年，家境贫困，从小到处做工，靠省吃俭用，在 25 岁时积累了一笔钱，便开始做家庭日用品的买卖。

他在一家一流的妇女杂志上刊载他的"1 美元商品"广告，所登的都是有名的大厂商的产品，而且都是实用的。其中 20% 的商品的进货价格都超出 1 美元，80% 的商品进货价格等于或低于 1 美元。所以杂志一刊登出来，订货单就雪片似地飞来，他忙得喘不过气来。

他并没有什么资金，而这种做法也不需要什么资金，因为客户汇款来，他用收来的钱去买货就行了，当然，汇款越多，他的亏损也就越多。但他并不傻，在寄商品给顾客时，他再附带寄去了 20 种 3 ~ 100 美元之间的商品目录和图解说明，并附上一张空白汇款单。

这样，虽然卖 1 美元的商品有些亏损，但是，他是以小金额商品亏损来买大量顾客的“安全感”和“信用”，这种计谋使顾客不会在有疑虑的情况下向他买比较昂贵的东西了。事实上，昂贵的商品不仅可以弥补回 1 美元商品的亏损，而且可以获得很高的利润。

这种吃小亏占大便宜的经营手法给他带来了惊人的收入，三年后，他的销售额达到了 5000 万美元。看来，商人有了这种观念，吃亏有时就是盈利。

给顾客一个意外

满足顾客的需要，维持与顾客的良好关系，是一项永无止境的工作。美国的企业家认为，只有永远保持以顾客为中心的经营策略，超越客户的期望，才能使企业得到长足的进步。

所以，美国的公司恪守的信条就是，无论顾客提出什么要求，回答永远是“Yes”。

让我们看看关于阿玛尼公司的两个故事，也许会受到一点启发。

奥卡是一家公司的高级副总裁。一次他到洛杉矶的分公司去参加一个会议。因为是内部会议，他不必西装革履，可以轻装上阵。不料到了目的地后，公司总部突然通知他第二天和公司最大客户的副总裁会晤，因为这位副总裁正好也在洛杉矶。奥卡当场答应，并准备好了会晤的内容和议题。

第二天一大早，他忽然发现自己没有带西装，这怎么去见这位重要客户呢？他看看表，已经是早上 7：30，而会晤就安排在 8：30。他知道美国各大商场要到早上 10 点才开门，但还是抱着一线希望在电话黄页上一个接一个地拨打着商场的电话，结果都是千篇一律的录音电话。最后他打到了阿玛尼，幸运的是，有人接电话了，接电话的人是商店的保卫人员。这位保卫人员想了想说：“你来吧，看看我是不是能给你找到合身的衣服。”就这样，奥卡很幸运地在阿玛尼买到了合身的西装和皮鞋。穿着那些衣服和鞋子，他拿出了自己的信用卡递给保卫人员。保卫人员看了看信用卡说：“这样吧，你先去开你的会，下午你再来交账吧。因为，第一，我不会使用收款机；第二，我们的收款系统到 10 点才能打开。”就这样，奥卡难以置信地穿着一千多美元的衣服走出了商店。

诸如此类英雄式的服务行为在阿玛尼被视为是理所当然的事。阿玛尼的格言是：“为顾客提供想象以外的服务。”而且公司给其售货员相当大的自主权，帮助公司实现的目标。这个目标就是：“成为一家为顾客无条件服务的零售店。”

有一次，一个老太太带着一只轮胎来到阿玛尼连锁店要求退货。她坚持说这只轮胎是在这家店中买的，其实这家店从来没有销售过这样的轮胎。

售货员很有礼貌地向老太太解释他们从来都不曾出售过这样的轮胎，她肯定是搞错了。“不”，老太太坚持说，“我肯定是在这里买的，只要我不满意，你们就必须给我退货。”

最后经过主管人员和售货员的仔细考虑，他们决定接受“自己的轮胎”，并且态度相当好地把钱如数退还给了老太太，老太太十分满意地离开了。从这以后，她成了这家商店的忠实顾客。

这样的例子还有很多。有一位女士花了20美元买了一对耳环，一个月之后用坏了，当她拿着这对已经坏了的耳环来到阿玛尼时，出乎她的预料，她在商场又拿到了一对新耳环；一位商人在一年前买了一双皮鞋，后来因为穿着太紧要求店里的人修理，结果他拿到的是一双新的皮鞋；有一位商人基于阿玛尼的名气，在一次旅行前向阿玛尼订购了两套西服，但随着出发时间的临近，他所购买的西服一直还没有送达，这位商人对阿玛尼的名气感到怀疑，但是当他抵达旅馆之后，发现他所订购的两套西服随同一封道歉函和三条价值25美元的领带已经由货运公司送达旅馆；另一位商人写信给阿玛尼的负责人奥勃，要求修改西服，奥勃立刻亲自带了一套新的西服送给这位商人。

这就是阿玛尼的特色，同时也是其成就卓越的基石和全部秘诀所在。

卓越的服务是使客户认同企业的有效手段之一，无条件地为顾客服务，才能在顾客心中建立起良好的形象，进而获得顾客的认同和忠诚。在一般人眼里，能够让顾客满意已经是一件不容易的事情了。而能够超越顾客的期待，使顾客得到连他自己也不敢相信的服务更是难上加难，但美国企业却做到这一点。如果我们在经商中也能学习和借鉴这些经营手段，无疑也会收到令顾客感到那种意外的效果。

把劳资关系当做合伙人关系

在当今竞争激烈的市场环境中，员工是否更加投入的工作，对于企业的生存和发展具有越来越重要的影响。如何强化员工的归属感已成为当今企业面临的首要挑战。美国企业用实践证明建立真正的伙伴关系，是使员工自愿为公司全力付出的关键所在。

一些著名的商业老板都在实践中总结出了这样一种理念，和员工建立真正意义上的伙伴关系，可以充分调动员工工作的积极性，增强员工对企业的归属感，从而使企业得到极大的发展。与员工建立真正意义上的的伙伴关系的前提是使员工得到充分的尊重。尊重员工是人性化管理的必然要求，只有员工的人格受到了尊重，他们才会真正感到被重视，被激励，做事情才会真正发自内心，愿意和企业融为一体，站到企业的立场，主动与企业沟通想法探讨工作，完成企业交办的任务，心甘情愿为工作团队的荣誉付出。

全球零售业巨头沃尔玛公司的成功与其与员工建立的合作伙伴关系是分不开的。萨姆·沃尔顿认为，要想彻底执行“顾客就是上帝”的经营理念，就必须依靠与公司有关的所有人——员工、供应商等——齐心协力地工作才能实现。要想实现协同作战，就必须把员工看作合伙人，实现企业与员工的双赢。

沃尔玛把员工作为企业的合伙人来对待。在沃尔玛，管理者与员工的关系是真正意义上的伙伴关系。沃尔玛所有经理人员的制服上有刻有“我们关心我们的员工”字样的纽扣，他们非常注意倾听员工的意见。

为了真正地把员工当作合伙人，沃尔玛于20世纪80年代实行了“利润共享”政策。沃尔玛认为，如果公司与员工共享利润，不论是以工资、奖金还是以红利、股票折让等方式，那么流进公司的不仅仅是源源不断的利润，更重要的是员工们会以主人翁的态度和责任感来不折不扣地对待顾客和为顾客服务，员工的这种无形的精神投入，会给企业带来巨大的效益和良好的信誉。如果员工能坚持如一地善待顾客，使他们感到满意，顾客们就会经常光顾本店，这正是连锁店行业利润的真正源泉。现在，沃尔玛公司已有超过80%的员工或借助利润分享计划，或通过员工认股计划直接拥有公司的股票，这使公司和员工结成了一个利益的共同体。

除了经济利益上的措施，沃尔玛公司还重视对员工的精神鼓励，其总部和各个商店的橱窗中都悬挂着先进员工的照片，对特别优秀的管理人员，会授予“萨姆·沃尔顿企业家”的称号。

更能体现投资人与员工合伙地位的是沃尔玛挽留人才的制度——门户开放政策。门户开放政策确保了任何员工无论何时何地，一旦有关于自己或公司的意见、建议、想法、投诉等，都可以以口头或书面的形式报告公司管理层，而不必担心遭到打击或报复。沃尔玛有专门的人来从事员工关系工作，受理投诉，听取员工意见。离职面试制度确保每一位离职员工离职前有机会与公司管理层坦诚交流和沟通，从而能够了解到每一位员工离职的真实原因，有利于公司制定相应的人力资源策略。挽留政策，一方面，可以将员工流失率降低到最低限度；另一方面，即使员工离职，也可以成为公司的一名顾客。

沃尔玛把员工当作自己的合伙人，赢得了员工对企业的忠诚。沃尔玛的工资在同行业不是最高的，但是员工却以在沃尔玛工作而快乐，因为在沃尔玛他们不是雇员，而是合伙人。

在知识经济的今天，员工为企业提供了最重要的资源——创造力和知识，企业要想赚钱就必须依靠员工付出时间、精力和知识，发挥热情与创造力，否则，企业纵有雄厚资本和先进设备，也无法获得利润。所以，任何轻视员工、不尊重员工的行为都是有害的。

企业必须像对待其他合作伙伴一样，认真履行自己的义务，恰当运用自己的权利，实现合作的双赢，这样才可能获得丰厚的利润回报。

美国经济学家认为，员工持股计划能为建立一种生产率更高的合作经济提供动力，能为员工创造更多的参与各层次事务的机会，能为大多数员工提供更大的收入来源，更重要的是还可以增强员工工作的精神动力，从而使企业成就卓越成为可能。

根据地的生意好做

犹太人不但善于经商也善于联想，他们从“根深叶茂”这一自然规律中悟出了一条经商做人的道理，即要想赚钱，就要有很好的经营环境。他们期望营造一个和和气气的挣钱氛围，避免因为任何矛盾冲突而带来麻烦。

资本在其原始积累时期，产生了大量的“血汗工厂”。随着这一积累过程的完成，调整劳资关系日益成为资本主义社会突出的问题。到20世纪初，旨在协调劳资关系的经济法规应运而生，如最低工资、养老金、失业补助等的法令，如雨后春笋先后问世。所有情况表明，建立和谐的劳资关系是经济发展的要求，良好的人际关系是企业自身的发展要求。此间，有不少著名犹太企业家力所能及地做出了一系列“首次开创”。其中英国的犹太化工企业家德维希·蒙德就是其中的典型之一。

蒙德于1839年出生于德国卡塞尔，他在学生时代曾在海德堡大学同著名化学家布恩森一起工作，发现了一种从废碱中提炼硫磺的方法。后随父母移居英国，他也将这一技术带到了英国，几经周折，终于找到一家愿同他合作开发的公司。实验结果证明他的这一专利是很有经济价值的。很快，欧洲的许多公司都申请使用这种专利。巨大的潜在市场使蒙德萌发了自己开办化工企业的念头。随后，他又同朋友一起发明了一项用氨水的作用使盐转化为碳酸氢钠的专利，蒙德以最优惠的条件买下了这项专利，准备建厂投资生产。

在较为偏僻的温宁镇，蒙德买下一块地，建造厂房。当地居民担心大型化工厂会影响他们的居住环境，反对他在那里建厂，并拒绝为他工作。蒙德不得不到很远的地方雇用爱尔兰人。建厂期间，他每天到现场监督，用非常和善的口吻来催促工人，他嘴上老挂着一句话："不要称呼我先生，我不是绅士!"而且经常为工人递上毛巾和水杯。还不断改善工人们的饮食和居住环境。工人被老板和善的态度感化了，后来根本不用蒙德催促，总能提前完成任务。

1881年，蒙德和他的主要合伙人约翰·布隆内尔一起，注册了"布隆内尔蒙德公司"。当时注册资产60万英镑，布隆内尔蒙德公司在生产碱化学工艺上取得了重大突破，短短几年之后，布隆内尔蒙德公司成了全世界最大的生产碱化工企业。在英国，他们是最早给工人每年一周假期，休假期间工资照发的雇主之一，这也是较早由公司老板所倡导的公益举措之一。

1889年刚过，布隆内尔蒙德公司又做出了一项重大决定，将工人的工作时间定为每天8小时。这不能不说是一个惊天动地之举，因为在当时的英国，工厂中普遍实行一天12小时工作制，工人一周要工作84小时，有的甚至更多。所以，他们的决定被称为"令人惊讶的变革"。这一决定也遭到很多企业主的强烈反对，却让所有的工人欣喜和鼓舞。于是，8小时工作制就逐渐地进人到世界范围内的每一个企业，是布隆内尔蒙德公司开了这条历史的先河。

事实证明，工人每天8小时内完成的工作量和原来12小时的一样多，因为他们的工作积极性极为高涨，工作效率大大提高。这不仅是给了工人更多的自由支配的时间，还由于节省了工作时间而节省了开支，这种两全其美皆大欢喜的效果，可以说正是从人与物两个角度来考虑问题并使之达到和谐一致。后来，蒙德又在公司里推行了如下的改革：所属工厂里的工人，可获得终生保障，在丧失劳动能力后由公司负责一切养老费用；还有，在父亲退休之后，可将他的工作像家庭遗产一样传给儿子。就这样，蒙德的公司获取了丰厚的利润。

长时间的相处，温宁镇的居民对蒙德的态度也发生了实质性的转变，原先因为怨恨蒙德破坏了乡村的宁静而拒绝为他工作，现在都因为蒙德的很多善举而争着进他的工厂做工。蒙德担任了英国化学工业协会主席，成了“英国皇家学会”“普鲁士科学院”“那不勒斯皇家学会”的成员，牛津大学和曼彻斯特大学分别授予他文学博士学位和科学博士学位；而且还获得了意大利政府颁发的荣誉勋章。但所有这一切荣誉同日后英国公众在他儿子的工厂发生严重爆炸时所持的宽容态度相比，都显得非常次要了。

蒙德于1909年去世，此时他的公司已经成为全世界最大的化学公司之一，包括了生产煤气和镍等100多个工厂。在弥留之际蒙德还不忘把自己收藏的大部分古董及名画捐赠给了国家美术馆。他的儿子阿尔弗雷德·蒙德接替他的总裁职务，第一次世界大战爆发以后，位于伦敦东区的布隆内尔蒙德公司的一家生产碳酸氢铀的工厂，按照政府的命令转产用于战争的炸药。该工厂位于人口稠密地区，公司在接受命令时曾经告诫政府，这种生产有可能产生严重后果。果然，1917年，这家工厂发生强烈爆炸，炸死40人，炸伤数百人，并使大约2000人无家可归。以这样严重伤亡的事件，加上大战期间英国又曾出现过一次“此前此后都未曾有过的”反犹浪潮，而公司老板——蒙德的儿子阿尔弗雷德却几乎没有受到什么谴责，这和他宽以待人、他父亲善待企业员工有很大的关系。虽则日后政坛上有些人仍借此做文章，但英国公众的这种宽容同犹太人历史上常常无故成为替罪羊的惨痛事例相对照，这种反差之强烈令人难以置信。这一切，都要归功于他们父子“和气”的生财态度。而他们的这一经商理念正是许多商场上的失意者所欠缺的。

第三章　用情感做建立关系的催化剂

人世间的真情实感可以感动任何人，包括恶人，生意人更不例外。尽管经商的人唯利是图，一心一意地赚钱，但他的内心深处也是受情感支配的，也许他一心一意地赚钱可能正是为了了却一段情缘，弥补一个缺憾，满足一个心愿。在现代商场上也不乏待价而沽、待人而沽、待情而沽的买卖，也就是说，有些交易高价拿不下，却因感情的疏通而使交易变得轻松而顺畅，生意人切忌在商场上只是冷面孔，要炼就一手善掏对方“心肝”的手段。

先赚人心后赚钱

兵法上有不经过战斗就能让对方屈服的手段才是最高超的手段的说法。

商场如同战场，那么在商战中也一定存在着“不战而屈人之兵”的技巧，那就是先赚人心后赚钱之法。如今的市场竞争，已经演变为商品质量、价格、售后服务和企业形象、信誉以及与消费者的关系等全方位的竞争。特别是与消费者的关系、情感，在商品营销中的作用越来越显得重要。感情能转化人的认识，感情能调节人的行为，在商家林立、货比多家的情况下，人们自然更愿意到信得过、感情亲近的商家购物。对此，一位美国著名企业家深有体会地道出：“现代商战的胜利，不在乎你占据多少个商场，而在乎你占领多少个消费者的心，占领了消费者的心，你就拥有了一切。”中国的学者亦精辟地指出：在激烈的市场竞争中，商战的赢家是人心与金钱的双赢。

营销中怎样才能既赚得人心又能赚得合理的利润？这除了要具有真情真爱，真正视消费者为衣食父母而不是口头的“上帝”之外，还有如下一些谋略、方法需要灵活运用。

（1）雪中送炭。

人生在世，衣食住行，一天也离不了，而且常常还会出现对某种商品的需要。急人所急，解人之困，不失时机的将消费者急需的某类商品送上，便会格外得民心，顺民意。泰安市有家真空棉厂，开业之初，恰逢九九老人节，他们便筹办了一次献爱心活动，将生产的第一批棉衣棉被，拿出一部分献给当地的特困老人。这件事，多家新闻媒体争相报道，结果企业既有了知名度，又赢得了口碑，产品面世，立刻形成热销之势，达到了名利双收的目的。雪中送炭，易于赢得社会广泛的赞誉，受其情感的鼓励与感染，自然也就有了众多的顾客，自然使企业客户盈门。

（2）锦上添花。

生活中人人都有喜事，家家都有喜事。俗语说，人逢喜事精神爽，人一旦有了好的心情，就容易接受他人的建议，并采取某种行动。所以，当他人处于喜庆的时刻，喜庆的场合，不失时机地献上一份礼品或信物以示祝贺，为对方助兴增光，对方便会喜上加喜，将商家视为知己。一朝视为知己，便成了亲近的顾客。比如，上海有家酒店，对前来办生日宴、婚宴、寿宴等宴席的顾客分别建立了“纪念档案”，每逢他们的婚、寿、延辰纪念日，酒店都要免费为这些顾客送去贺卡和一份喜庆蛋糕。礼物虽轻，但情义却分外重，每每让老顾客喜上眉梢、激动不已，对酒店倍感亲近，心甘情愿成为酒店的回头客。又如，国外有家卖婴儿奶粉的厂家，从各医院搜集信息，对那些临产的妈妈，在其分娩前的两三天寄去婴儿奶粉供免费试用，并有贺卡以表祝福。一对夫妻喜添贵子或喜添千金都是一件大喜事。奶粉厂不早不晚送上祝福和礼品，这实在是好事成双。心境极度快乐的婴儿父母对奶粉厂怎能不顿生感激之情，不用说，随着孩子对奶粉越来越多的需求，他们便成了该厂奶粉的长期用户。

锦上添花的运用之妙在于识“锦”，即要通过认真的调查观察，及时发现消费者生活中的喜事，针对其美好的心境，献上一份爱心，以激起对方情感的浪花，赢得对方的青睐。

（3）乐善好施。

企业经营有了一定实力，拿出部分利润赞助公益事业，救灾助残等，既是对社会的回报，尽一份社会责任，也是对广大消费者奉献爱心、塑造企业美好形象的一种积极表现。1998 年江西遭受特大洪灾，牵动了亿万人的心，全国上下，有钱的出钱，有物的出物，支援灾区人民抗洪救灾。生产神州牌热水器的一家企业，果断地决定免费为灾区人民维修被洪水侵蚀坏的热水器，并及时做出广告，告之广大消费者。消息传出，立刻受到用户和社会公众的高度赞许。施义举于他人遭受灾难时，这最易打动他人的心。加之抗洪救灾系当时的新闻热点，为全国人民所关注，所以说企业的形象和信誉由此得到了很大的升华和提高。我们知道好的形象和信誉是企业最可宝贵的无形资产，有了好的形象和信誉还愁日后没有大钱可赚吗?

乐善好施作为一种公关手段，在实施中还须选准对象和时机，生产神州牌热水器的那家公司在这方面就处理得十分恰当，收到了事半功倍的效果。

推心置腹。人非草木，孰能无情，在商务活动或直接的商品推销中，有时几句推心置腹的话更胜过长时间的争辩。因为推心置腹是以心交心，与对方的情感世界相通，因而容易引起共鸣。

如果每一个商家都如法炮制以上争取人心的技法，我们相信没有哪个消费者会不被征服。

培养广泛的亲和力

商场并不像有些人所想象的那样，除了钱人们什么都不认，恰恰相反，人与人之间的亲和力和真情实感才永远是征服人心的最有力的武器。

有一位成了富人的生意人，经商前并不富有，既没有学历，更没有人事背景，但他最终却能成为一个非常富有的人。他是如何成功的呢？其实原因很令人惊讶，只因为他是一个很会体贴他人的人，他对周围人的体贴，甚至超过了别人的需求。只要你说要上他那里玩，他都会表示万分的欢迎，希望你能在他那儿住几天。无论他多么经济拮据，内心多么苦恼，他都好像随时在盼望你的来临，热情地接待你。甚至在你回去的时候，还要为你带上些小礼物、土产之类的。无论是多么忙碌，他都不会表现出你的来访对他是一种麻烦。他曾很慎重地说："像我这样既无学历，又没财力，更没有人事背景的人，能有今天的事业和财富，实在有不足为外人道出的辛苦。"任何人处在他的环境都会说出同样的话，"像我这样一无所有的人，如果要与别人来往，就要让对方感到和我来往，会得到某些方向的愉快与益处"。

事实上，以前的他，既没有学历，又没有金钱，更没有背景，一定是孤独的，别人都不想与他往来，他是一直忍耐着寂寞，努力奋斗，度过那段日子，而他也在其中学到了与人交往之道，比如，给别人某些方面的益处，别人是不会无动于衷的。所谓某些方面的利益，有时是精神方面的，有时是物质方面的，总之，别人得不到益处，是不会来接触他的。

另外有一个例子，是一位出身名门的"富家子弟"，他也想能成功地做出某些事情来。他的出发点也很明显，亲近别人只是想从别人那里捞取点什么，并无真情在里面。比如与这个人交往，以后向银行贷款时，会比较容易；也许与这个人做朋友，他会传授致富之道，也许这个人会将土地廉价出售。他就是这样对周围的人怀着期待之心，算计之意，认为与自己接触的人，都会带给自己某些利益。

这两个人与人交往时的心态完全不同，一个是奉献给别人某方面的利益，不然别人是不会与他来往的；另一个则是认为与自己来往的人，可能会带给自己某些方向的利益。两种心态自然有两种结果，前者赢得人心，获得大家的鼎力支持；而后者则朋友越来越少，想要事业成功自然是天方夜谭。

我们与周围朋友相处时，要经常站在他们的立场上为他们考虑，说得形象些，就是夹着尾巴做人，以自己的所能来满足他人的欲求，他人得到满足后，才会对我们有所回报。别人的奉献，有时就能满足自己的需求。这种奉献与回报，在保持平衡时，就是交际双方最愉快的时候，同时，也是获得最大利益的时候。只有通过这种方式建立起来的社会关系也才是最稳定最牢靠的。

交流中找到双方利益的共同点

对生意人来说，最大的驱动力还是利益，如果在交朋友、谈感情的同时找到了双方利益的共同点，那么事情就好办多了。

交友办事，如果让对方觉得他与你有共同的利益，对方办事就会更积极主动，就会收到更好的效应。这就好比战场上同一个战壕的战友一样，战友之间有着共同的利益，共生死同存亡，每一个人都要勇敢地去战斗，才能取得共同的胜利。

做生意也是如此，合作双方在沟通与合作时，只要让对方觉察到你与他有共同的利益关系，通常可以迅速地拉近彼此间的距离。这一技巧如果应用得好，通常会获得出乎想象的好效果。

（1）找到你们之间的共同点

有一家企业效益不是太好，工人们的工资很低，当工人们要求提高薪水时，老板就对他们说："各位，我何尝不想多给你们薪金？可你们看，我们的公司快让我们自己干得倒闭了，薪金从哪里来？要涨薪吗？我也想涨，要涨那就让我们共同努力吧！我与你们有着共同的利益，企业倒闭了对你们、对我都没有好处。如今我们只有团结一致，共同渡过难关，企业办好了，大家才会都有饭吃。"

工人们听了老板的话，感觉到老板与自己有着共同的利益关系，觉得企业办好了，老板发财了，自己工资收入就会提高。结果这些工人齐心协力，个个努力工作，果真把企业搞得有声有色，老板和工人们都实现了自己的愿望。

谈生意也是如此，只要让对方感觉到你与他的利益是一致的，对方就会主动去办事。

（2）使对方知道好处

再固执的人只要有利可图，也会动心的。要想达到自己的目的，就必须勾起对方的欲望，让对方知道，只要能办成事，他就能得到好处，得到回报，并且要让人信任你所说的并非空话。

与人谈合作，做生意，却让对方不知道好处，得不到甜头，对方自然不想去干。即使你说一百句动听的话，还不如让对方得到一点实实在在的好处。

好处是合作做事的天平。让双方知道合作后会得到好处，得到回报，让对方感觉到与你合作值得，你就能轻松自如地达成自己的目的了。

用透露点缺点的方法亲近对方

一般人的心理习惯是掩盖自己的缺点，宣扬自己的优点。因此，一旦有人真真实实地指出自己的缺点，反而会让人感到他很诚实而对他产生信任。

在谈生意时，你不妨稍微透露自己的隐私或缺点，对方会感到你这个人很诚实，感到你平易近人。这一点，尤为重要。

那些精明的生意人虽然与对方并不熟悉，但也会创造一种亲切的氛围，必要时暴露一些隐私，这样，就是反对他的人也会对他产生亲近感，并很愿意为他所用。

有位心理学家在北京市的电视节目中介绍了三位候选人后，要求观众从三个人中选出一个人来。关于这三个候选人的情况，首先，介绍了第一位，他具有很高的资历、学历和人品。其次，介绍了第二位的工作经历及实际工作成绩。关于第三位候选人，只介绍了他的私生活，例如，他非常疼爱孩子、吸烟、每天带着狗去散步等。

投票的结果是，虽然观众们不知道第三位候选人作为主持人的能力如何，但他仍获得了压倒性的胜利，这大概是因为这位候选人让观众感到他最容易亲近的缘故吧。这个实验表明，观众投票时更重视候选人是否让他们感到亲切。这个心理实验还告诉我们，要让一个人对你感到亲切，就应该与对方进行具有人情味的交流。

谭某去探访一位公司老板，目的是要为对方产品出现质量问题而造成的损失提出赔偿。可是，他还来不及开口，这位公司老板就对想质问的谭某说："时间还长得很，我们可以慢慢谈。"谭某对这位老板镇定自如的态度大感意外。

不一会儿秘书将咖啡端上来，这位老板端起咖啡喝了一口，立即大嚷道："哦！好烫！"咖啡杯随之滚落在地。等秘书收拾好后，这位老板又把香烟倒着插入嘴中，从过滤嘴处点火。这时谭某赶忙提醒："先生，你将香烟拿倒了。"这位老板听到这话之后，慌忙将香烟拿正，不料却将烟灰缸碰翻在地。

平时傲气十足的这位老板出了一连串的洋相使陈某大感意外，不知不觉中，原来的那种挑战情绪消失了，甚至对他产生了非常容易亲近的感觉。

其实，谭某在这位公司老板办公室中所看到的一切也可以说是一系列的表演，都是这位老板随机策划的。当人们发现杰出的权威人物也有许多弱点时，过去对他抱有的成见或恐惧感就会消失，而且由于受同情心的驱使，还会产生某种程度的亲密感。

在谈生意时，要使别人对你放松警惕，产生亲近之感，使对方成为自己的朋友，并为自己办事，你只需很巧妙地、不留痕迹地在他人面前暴露某些无关紧要的弱点，出点小洋相，表明自己并不是一个至高至上、十全十美的人物，这样就会使人在与你交往时松一口气，不以你为敌。这是处理生意关系的一个十分有用的技巧。

借助感情拉近与陌生人的距离

聪明的生意人会把谈生意融汇于感情交流的过程中。只有让客户了解你、认识你，知道你的的确确是一个坦诚的人，一个热心负责的人，一个拥有丰富经验和专业知识的人，一个全心全意为客户着想的人，客户才会接受你的洽谈。

与陌生人会谈时要态度友好，表情自然，面带微笑，给人一种和蔼可亲的感觉，从而消除其陌生感，但切忌过分亲热；握手时第一次目光接触，宜表现出坚定和自信，使陌生人觉得和此人打交道可靠，切忌犹豫和躲闪；行动和说话要轻松自如，落落大方，切忌慌慌张张、吞吞吐吐及缩手缩脚。

在会谈之前宜适当谈些非业务性话题或寒暄几句，这样易使会谈气氛变得融洽，禁忌生硬地切入话题。

许多人同陌生人说话都会感到拘谨。建议你先考虑一个问题，为什么你跟老朋友谈话不会感到困难？很简单，因为你们相当熟悉。相互了解的人在一起，就会感到自然协调。而对陌生人却一无所知，特别是进入了充满陌生人的群体，有些人甚至怀有不自在和恐惧的心理。你要设法把陌生人变成老朋友，首先要在心目中建立一种乐于与人交朋友的愿望，心里有这种要求，才能有行动。

这里以到一个陌生客人家中参加商业约会为例。如果有条件，一定要做些准备功夫，研究一下客人的情形，如他的家庭、兴趣、才干和困难等，以及他公司的业务、人事组织等情况。

当你走进陌生人住所时，可凭借你的观察力，看看墙上挂的是什么。国画、摄影作品、乐器……都可以推断出主人的兴趣所在，甚至室内某些物品会牵引出一段故事。如果你把它当做一个线索，不就可以由浅入深地了解主人心灵的某个侧面吗？当你抓到一些线索后，就不难找到开场白，谈成你要做的生意。

如果你不是要见一个陌生人，而是参加一个充满陌生人的聚会，观察也是必不可少的。你不妨先坐在一旁，耳听眼看，根据了解的情况，决定你可以接近的对象，一旦选定，不妨走上前去向他作自我介绍。对那些同你一样在聚会中没有熟人的陌生者，你的主动是会受到欢迎的。

应当注意的是，有些人你虽然不喜欢，但必须学会与他们谈话。人都有以自我兴趣为中心的习惯，如果你对自己不感兴趣的人不瞥一眼，一句话都不说，恐怕也不是件好事。你可能被人认做是骄傲，甚至有些人会把这种冷落当做侮辱，从而产生隔阂，无缘合作。

在你决定和某个陌生人谈话时，不妨先介绍自己，给对方一个接近的线索，你不一定先介绍自己的姓名，因为这样人家可能会感到唐突。不妨先说说自己的公司情况，也可问问对方的公司情况。一般情况下，你先说说自己的情况，人家也会相应告诉你他的有关情况。

接着，你可以问一些有关他本人的而又不属于秘密的问题。对方是有一定年纪的，你可以问他子女在哪里读书，也可以问问对方单位一般的业务情况。对方谈了之后，你也应该顺便谈谈自己的相应情况，如此才能达到交流的目的。

和陌生人谈话，要留心对方的谈话，因为你对他所知有限，更应当重视已经得到的任何线索。此外，他的声调、眼神和回答问题的方式，都可以揣摩一下，以决定下一步是否能纵深发展。

有人认为见面谈谈天气是无聊的事。其实，这要具体问题具体分析。如果一个人说："这几天的雨下得真好，否则田里的稻苗旱死了。"而另一个则说："这几天的雨下得真糟，我们的旅行计划全给泡汤了。"你不是也可以从这两句话中分析两人的兴趣、性格吗？退一步说，光是敷衍性的话，在熟人中意义不大，但对与陌生人的交际还是有作用的。

如遇到那种比你更拘谨的人，你更应该和他先谈些无关紧要的事，让他心情放松，以激起他谈话的兴趣。和陌生人谈话的开场白结束之后，特别要注意话题的选择。那些容易引起争论的问题，要尽量避免，为此当你选择某种话题时，要特别留心对方的眼神和小动作，一旦发现对方厌倦、冷淡的情绪，应立即转换话题。

是的，感情的交流多半是些与生意无关的琐事，正是在对这些琐事的交流中，一个人才能卸下包袱，丢掉戒心，而此时便成了建立关系的最好时机。

先与对方进行心理交融

先与对方进行心理交融，即与要恰谈生意的对方避开生意的话题，而先交换感情，当双方有了情感沟通时，再提生意之事，成功的机率会明显提高。

空中客车公司是法国、德国和英国等国家联合经营的飞机制造公司，该公司生产的客机容量大、性能好、质量可靠。但是由于它是20世纪70年代刚刚兴办的企业，外销业务阻力重重，一时难以打开局面。为此，公司花费大量的资金做广告和业务宣传，可是收效不佳，销售一直徘徊不前。于是，公司以高薪广招贤士，选拔最佳推销员。拉第埃正是在这一背景下于1975年被公司聘用的。

拉第埃走马上任遇到的第一件棘手问题，就是和印度航空公司的一笔交易。这笔交易是几年前和印度航空公司商定的，但当时没有被印度政府批准，大有落空之势。空中客车公司派拉第埃亲赴印度，务必采用一切手段使这笔买卖成交。拉第埃接到指示后，立即奔赴新德里，开始了他一生中最伟大的谈判。

他的谈判对手是印度航空公司主席拉尔少将。一到新德里，拉第埃就积极参加各种社交活动，广交各界朋友，以了解拉尔少将的经历、性格和爱好。终于有一天，一个偶然的机会使拉尔少将愿意会见拉第埃。一见面，拉第埃就向对方讲了自己的身世，说自己生于加尔各答，父亲曾任米其林公司的驻印度代表，自己从小在印度长大，因而对这个具有悠久文明历史的东方古国有着深厚的感情。他告诉拉尔，自己“一直想回来看看，但总没有机会，是您使我有机会在我生日这一天又回到了我的出生地”。拉第埃的这番话使拉尔大为感动，当即请他共进午餐。拉第埃趁热打铁，又从公文包里取出一张少将与圣雄甘地一起照的照片，那时拉尔只有三岁半，这一招使少将更为激动。就这样，在拉第埃不断的情感“攻势”下，拉尔最后欣然同意了这笔交易。事后，拉尔说：“带着圣雄甘地的照片前来向我兜售飞机，这还是破天荒第一次，我不能再拒绝了。”印度之行的成功，使拉第埃名声大振，被誉为“空中客车公司”的销售突击队员。1979 年他创纪录地为公司推销了 230 架飞机，价值 420 亿法郎，使该公司继美国波音公司之后，成为西方第二大民用航空公司。

人是有感情的，拉第埃活用了自己的出生地，借此与拉尔少将套近乎，仅此一点就冲破了他的心理防线，欣然同意了这笔交易。

甘受委屈以图大赢

常言说：冤仇宜解不宜结。为人宽容大度，事业的道路往往会海阔天空。

对于一个商人来说，宽容别人的过失，不只是一个人的品德问题，更是处理好与客户关系的经营智慧。如果你能够常常抱有一颗宽容之心，宽容别人对你犯下的过失，其获得的收益往往比放高利贷还合算！对方冒犯了你，而你大度地给以宽容，对方于是欠了你的人情高利贷，但凡有机会，他将以十倍、百倍的回报来偿还你的恩情。

王有龄是清朝外放的一个高官，在落拓不羁的时候是靠胡雪岩的财力资助发达的。他吃水不忘打井人，当听说胡雪岩为了自己的前途，将钱庄的“伙计”职务都丢了，并且因此在钱庄行业落下了不好的名声，以至于生计都成了问题，便觉心中十分惭愧。王有龄一到杭州上任，便终日派人找寻，几经周折，终于在杭州城里寻到了胡雪岩。

听说了胡雪岩的经历后，王有龄决意为恩兄好好地出一口气，报复一下将胡雪岩赶出的钱庄。胡雪岩却出人意料地阻止了他，这很令王有龄吃惊。原来胡雪岩心中另有打算，他思忖，如在自己春风得意之时，就寻恶于钱庄的同僚们，这虽然出了心中的恶气，然而却于事无益，反而加深了双方的敌对情绪。俗话说“和气生财”，只有好好地拉拢商界的各种朋友，自己今后才有发财的机会。冷静地分析形势，并作出正确的选择，这就是胡雪岩在社会交往中表现出的过人之处。对于胡雪岩的见解，王有龄心中深深佩服。

一次，钱庄的“大伙”过生日，祝寿之人络绎不绝。胡雪岩准备了一个纯金的“寿”字，给“大伙”祝寿，并将海运局的官长王有龄引见给“大伙”。在一群商客和伙计中，官府人士能够亲自到场给其祝寿，在钱庄行业里大大扬了“大伙”的脸面。而引见官场人士的正是曾经被“大伙”严肃钱庄规矩而赶出店门，与自己结下怨恨的胡雪岩，他不仅不计前嫌，还送来寿礼捧场，并借官府中人为自己扬脸面，其胸怀之宽广，当时就感动得“大伙”双目垂泪，拉着胡雪岩的手拍着自己的胸口保证“以后有事，必当两肋插刀”，从此视胡雪岩为生死之交。

胡雪岩面对曾将自己赶出钱庄的“大伙”，不是以官府压人，伺机报复，而是胸襟宽广，做到了过怨两忘。因为他相信来日方长，你能宽容别人的过错，别人就会更加尊重你，当你为朋友。事实也正是这样，日后正是这个“大伙”在钱庄的生意上帮了胡雪岩很大的忙，使他的事业有了一个良好的开端。

应该说，胡雪岩算是现代经商人的一个高级师傅，他在经商中的为人处世态度就是留给现代商人的经商心得，值得细细品味。

可惜，人是情绪动物，现实中有多少人能真正做到宽宏大量呢，其实很少有人能够想到，这也是一种“感情投资”，而且是最有效的投资。

这个世界是所有存在者的世界，不是任何一个人可以独享的世界。你作为一滴水，只有加入波涛汹涌的大海之中，才不至于被蒸发而且具有惊涛拍岸卷起千堆雪的力量。

故此，有进有退，在退却中谋求进取，在挺进中考虑退路，这是任何人面对事业或人生必须解决的难题。

以德报怨，予人退路，也正是给自己一条退路，何乐而不为呢。

过怨两忘，须知来日方长。

世界上最可靠最安全的路，筑在“人心”上。假如你能在这一“产业”上长期投资并获得成功，你的事业就有了可靠的保障。

钱与关系一块赚

在利益往来上能既赚钱又赚关系的人可称为商场中的精英。清代商人胡雪岩有一位拜把子兄弟叫王有龄，他任湖州知府的位子还没坐热，就接了一件让人棘手的差使——平复新城县的饥民作乱。这种弄不好就会革职丢命的勾当，有个替身去当然最好。王有龄亲自点将，选来选去看中了手下的候补知县嵇鹤龄。

嵇鹤龄向来为人耿介、恃才傲物。他虽有勇有谋，但官场不得志，也不肯接这个差事。胡雪岩仔细分析了嵇鹤龄的处境，主动为其着想，经过一番攻心，解决了嵇鹤龄生活中的实际问题，改变了他对官场的敌对情绪，最后说动嵇鹤龄前去新城安抚民变。

王有龄在嵇鹤龄蛮有把握地出发后，心中十分高兴，便对胡雪岩说，如果这次嵇鹤龄能成功摆平这次作乱，就保荐他担任归安县令。归安县本来是由王有龄兼管。俗话说，“三年清知府，十万雪花银”。而丰裕的归安县却一年能给知府带来五万两银子的进项！让嵇鹤龄当了归安县令，不就是等于从王有龄的荷包里挖走五万两银子么！胡雪岩觉得，王有龄一时的慷慨，虽然看似义举，但实际上是以损害王有龄自己的利益为代价的，过一些时日一定免不了会后悔，这样他与嵇鹤龄的朋友关系就难以维系了，甚至会彼此互生怨恨，成为仇人。甚至连自己也牵进去，于是他向王有龄建议，把他兼领的浙江海运局坐办的位置让给嵇鹤龄。这样，一来王有龄可以省点事，二来由嵇鹤龄管海运局，王有龄、胡雪岩经手的几笔海运局垫款、借款，料理起来也会顺利很多，是一举几得的好办法。

胡雪岩确实是人情练达。他成功地阻止王有龄的一时慷慨，其实涉及人与人之间交往分寸的把握问题。在胡雪岩认为，嵇鹤龄和王有龄的关系，无论如何也没有达到分以如此大利而不会产生不良后果的那种程度。王有龄的慷慨，也就有些失去分寸了。朋友亲疏之间，如果分寸把握不好，必然影响日后的继续交往，甚至互生怨恨。

世间一时心热，事后却屡有悔意的事儿多了，但是话已出口，又不好打自己的嘴巴，只能疙疙瘩瘩地处下去，心眼小些的，就要另找由头生事了。胡雪岩是深知这一点的，轮到自己的事，他也是处理得当的。

胡雪岩与南浔的丝业世家庞二少爷联手做生意，在合作过程中，胡雪岩的眼光和品性使庞二大为折服。因此，他想让胡雪岩完全加入自己的生意，帮自己全权照应上海的丝行。庞二想出的办法是由他送胡雪岩股份，算是胡雪岩跟他合伙，这样也就有了老板的身份，可以名正言顺地为他管理上海的生丝生意了。

能够彻底与庞二合伙，就当时的情况而言，当然是胡雪岩求之不得的。但胡雪岩表示他不赞成吃“干股”这一套花样，既然庞二同意让他入股，他就必须拿出现银做股本。他的实力不如庞二，可以只占两成，庞二拿四十万两，他拿八万两，而且还要立个合伙的合同。胡雪岩的想法很明确，感情是感情，生意是生意，不能一概而论搅在一起纠缠不清。因为由于照顾朋友的情分，一时作出慷慨的决定，以后也许后悔而且还有说不出的苦。朋友相交，如果到了这个地步，也就一定不能善始善终，而生意上的合作也不会有好结果。

这样处理这件事情，自然是高明的。从合作的角度，胡雪岩拿出这十万现银的股本，他与庞二之间订立了合伙的合同，双方也就有了明确的责任和信用关系，而这一种朋友关系之外的责任信用关系，正是他们长期合作的保证。

在实际中，生意伙伴之间也的确需要信用的保证。这种保证当然可以是合作伙伴之间的朋友感情。但生意场上仅有感情是不够的，还需要有感情之外的按规矩来的保证，中国有句老话叫做“亲弟兄，明算账”，说的就是这个道理，而这句话中透出的人们由生活经验而来的智慧，也的确是商场中应该遵循的至理名言。

胡雪岩之所以能成为戴有红顶子的商人自有他高超经商手段，其中善于抓住“钱财账”与“人情账”之间的辩证关系，不重此轻彼，而是完全根据不同的事件、不同的条件去区别对待，处理好两者的相互关系，有取有舍，能宽能严，能做到这一点，就是不同凡响之处。

商场关系学

第四章　“无商不尖”的经营艺术

“无商不奸”是后人杜撰的，原意为“无商不尖”，出典为旧时买米以升斗作量器，卖家在量米时会以一把红木戒尺之类削平升斗内隆起的米，以保证分量准足。银货两讫成交之后，商家会另外在米筐里汆点米加在米斗上，如是已抹平的米表面便会鼓成一撮“尖头”。量好米再加点添点，这是老派生意人一种生意噱头，这一小撮“添头”，很让客人受用，故有“无商不尖”之说。如布庄扯布，“足尺放三”“加三放尺”，拷油拷酒都有点添头；十里洋场的上海，在王家沙吃小笼馒头免费送蛋皮丝开洋清汤，“老大昌”称糖果奉送两根品牌三色棒头糖。“无商不尖”其实是一种文明经商艺术。

用礼物叫“芝麻开门”

经商中如何让那些抠门、只想买物美价廉的顾客掏钱出来呢?

一家百货公司刚开张时，门口贴上大海报，凡在本公司购买任何物品，均赠送精美纪念品一份，以示酬宾。成效之大，令人点头称道。看来要让顾客心甘情愿地掏腰包，事先向他们赠送一点小礼物是非常奏效的。而商家向顾客赠送礼物的形式也是多种多样的。

比如，轰动世界的宣传奇才美国人哈利，十五六岁在马戏团做童工的时候，就非常懂得做生意的要诀，不但善于吸引顾客前来光看，还善于引导看客消费，他常常对前来观看马戏的人说：“来、来，来看马戏的人，我们赠送一包顶好吃的花生!”

哈利使出浑身的力气大声喊叫。观众就好像被磁石吸引上一般，涌向马戏场来看戏。这些客人吃花生，觉得口干时，哈利就适时叫卖柠檬冰。其实，哈利炒这花生时，就加了好多量的盐。因人们越吃口越干，这样，柠檬冰的生意就会好。从小时候就懂得这样制造机会、善于做生意的哈利，他的收入，比一个马戏团员多几倍。

许多人都想贪小便宜，为了迎合人们的这种心理，有的生意人便以此招徕顾客。其实，这些小便宜只是些微不足道的物品，然而，它却蕴含着无限的吸引力。其实消费者也是会算经济账的，但面对现实的诱惑，多数消费者就会忽视算账而慷慨解囊，花了几倍于礼品的车费，远道而来，目的只是取得这一小小的礼品。为了这小小礼品，也不管购买的物品实用不实用，一手抢了便走。一家公司的电子琴积压了多年，新上任的经理便想出了“买一架电子琴送一块电子表”的绝招，大做广告，扬言送完为止，结果电子琴一销而空。

经验告诉我们，馈赠礼品是一种促销极好的办法，只要应用得当，恰如其分，非常有助于在商场中取胜。

吉列是美国威斯康星州人，幼年时家境贫寒，上学时断时续。14 岁时，吉列开始学做生意，跑遍半个美国。见多识广的吉列打算在小商品制造上寻求发展，他选择了一种顾客随时用随时扔的小商品——刀片。

不久后，吉列研究出 T 型架配制薄刀片，质量非常可靠，可惜由于没有名气，未得到世人的认同，第一年只销售了 53 把，赔得血本无归。但吉列是个意志坚强的商人，他借了一部分钱，成立了“剃刀公司”，决心一干到底。

吉列不仅重视小产品的功能与质量，而且重视深入人心的推销艺术。他深知，推销策略成功与否，是他的小产品成败的根本。虽然大家都需要刀片，但生产刀片的人很多，怎样才能使别人买自己的刀片呢?

第一次世界大战爆发后，报纸上登载了盟军在欧洲战场上作战的照片，吉列发现士兵们的胡须很长，可见前方正需要刀片。于是，吉列决定将刀片作为礼物送到前方去。这是一次非常正确的决策：几百万副刀架和上千万把刀片及时运到前线，价格优惠，服务好，对士兵们来说，犹如雪中送炭。战争结束后，几十万复员士兵回到各自的国家，随身携带的“吉列刀片”使他们旧情难忘，纷纷指定要买这种产品，无形中充当了吉列公司的义务广告员。自此之后，吉列公司的产品逐渐走向世界，吉列公司也随着业务的不断扩大而成为一家著名的跨国公司。

这以后，吉列在海外的 30 多个小公司不断推出安全剃刀系列产品，让众多的有不同要求的顾客得到满意的服务。随着人们生活水平的提高，他又扩展到生产面部清洁剂、美发剂、止汗剂等小商品，这些小商品都是与刀片服务对象相关联的，因此购买者不断。

近十年来，西欧许多商人都想争夺吉列公司的市场，但收效不明显，人们似乎对吉列牌产品情有独钟，许多人一直使用它达几十年，可见吉列产品是如何深入人心。

常常可以听到有经商者说生意不好做，现在是买方市场，卖东西很难。但是只要想出一个好点子，就能够改变局面，获得成功。

在二战经济大萧条时期，日本的许多中小企业纷纷破产，大多数企业只好关门大吉。其中一家水果店也受到很大冲击，老板惨淡经营，举步维艰。

但老板很有经济头脑，他不甘心就此失败。经过一番苦思冥想，他想出了一个绝好的点子。他派人去苹果产地预先订购一批苹果，在成熟以前把标签贴在苹果上，当苹果完全变红之后，揭下标签纸，苹果上就留下了一片空白。

水果店老板从客户名录中挑选大约200名订货数量较大的客户，把他们的名字用油性水笔写在透明的标签纸上，请人一一贴在苹果的空白处，然后随货送给客户。结果几乎所有的客户都对这种苹果感到惊讶并受到感动，因为客户们认为商店真正把他们奉为上帝并且放在了心间。

送给每个客户一两个本地产的苹果，实际上花不了多少钱。但顾客接到这一礼物都十分感激，其效果不亚于又送了一箱苹果，因为这一两个颇富人情味的苹果使客户们记住了这一家水果店。

当周围几家水果店终于无力支撑倒闭之后，这家水果店的水果却销量大增，顾客盈门，而且还扩大了生产。

一定不要忽视每一个小小的富有人情味的礼品，或许那正是生意人人际关系和事业成功的关键。

在同行排座次上首选“老二”

做“老二”显然没有做领头羊风光，甘当“老二”的商人总是不显山不露水。但是，很多时候，一个一个的领头羊倒下、掉队了，而“老二”们却始终在稳步地前进着。

有些商人以为第一个推向市场的创新产品或经营模式，就具备了领先创新的竞争优势，便能成为未来市场的领导者。事实上，第一个进入市场的新产品并不一定能打开市场或优势长存，而后来的跟随者必将瓜分市场，甚至借助巨人的肩膀获得更丰厚的利润。

IBM 在开发新产品上总是“迟人半拍”，几乎没有领先在市场上推出过新产品，他们总是让其他公司“领跑”，自己尾随其后，从别人的成功与失败的经验中寻找企业开发新产品的最佳“磨合点”，因而取得了巨大成功。

新产品或新经营模式转变为主流市场的领导风格，需要有一个时间过程，这将给后来者许多赶超的机会。即使新产品能够成为市场的主导，领先者也未必拥有最大的市场占有率。“老二”一样有机会成为市场的大户，同时还减少了风险。

“先人一步”必须具备一定的实力方可行事，“老二哲学”也非无能，尤其对那些技术力量单薄、资金不雄厚、技术人才缺乏的企业，“甘当老二”是最佳的选择。

创造较好的经济效益关键不在于“快”与“慢”，而在于“准”。只要抓准了开发新产品的“时间差”，从别人的产品中吸取优点和长处，不断改进自己的缺点和不足，扬长避短，也能唱出后发制人的好戏来。

过去，索尼公司在研发上投入很大，但往往将新产品推出之后，别的公司却已经掌握了相关技术，因而索尼公司成了冤大头，为他人做嫁衣裳。后来，索尼公司改变了策略，等别人推出新产品后，索尼马上研究其不足，通过进一步的技术创新，开发并迅速推出其第二代产品，在性能、价格、设计等方面都优于对方的第一代，结果取得了“青出于蓝而胜于蓝”的技术创新和市场竞争效果。

技术创新上的“跟着走”要求信息一定要灵，动作一定要快，否则，就会跟不上。我国的国产手机，也曾采取在发达国家同行后“跟着走”的策略，但由于在跟踪的过程中犯了大公司病，反应迟缓，动作不快，结果产品出厂时市场已趋饱和，致使事倍功半，留下了长久的遗憾。

不仅是技术创新，就是品牌战略，也要学会做“老二”。“老二”如何制定和发展自己的品牌战略，需要综合审视自身实力、竞争者情况以及市场变化。首先，“老二”应走有差异化的品牌路线，同时在产品服务、经营上保持低的生产成本和高水平的产品质量，逐步提高品牌地位。其次，在具备相当实力后，“老二”应确定其品牌战略目标，针对“老大”相对较弱的环节，确定相应的进攻战略，进行有足够攻击力的产品、服务、渠道创新，从而赢得顾客，赶上甚至超过“老大”品牌的认知度、美誉度及客户忠诚度。从百事可乐挑战可口可乐的佳绩、佳能在复印机市场超越施乐以及电脑行业戴尔的崛起，我们看到了“老二”们的希望。

做“老二”并不是目的，而是一种手段，目的是成为“老大”。“不积跬步，无以至千里；不积小溪，无以成江河。”学会做“老二”，是一种现实选择，是生存的需要。如果一味地“雄心勃勃、豪情壮语”，无疑是不自量力、以卵击石。学会做“老二”，是一种经营谋略，“上兵伐谋”就是这个道理，为的是在跟随之中从“老大”身上吸取宝贵经验，吸收老大的失败教训，最后扬长避短取得成功。

必要时装出屈服对方的样子

如果在竞争中让对手以为你已经中了埋伏，对方一定洋洋自得，这时你再乘机击败他。有个成语叫“将计就计”，就是这个道理。一个精明的商人是应掌握一点诈术的。

安氏公司和吉远公司是香港两家著名的房地产开发公司。两家本为一体，吉远公司是几年前从安氏公司里分立出来的。该公司老板陆吉远精通房地产，才华横溢，几年前瞅准了一个机会，在银行的支持下，从安氏公司中出来独立门户，并且抢走了安氏公司的一批项目。从此两家关系一直很紧张，安氏公司视吉远公司为叛逆，吉远公司视安氏公司为老古板。两家你一拳我一脚，闹得不亦乐乎。

大陆实行对外开放后，安氏公司的老板安邦认为这是个好机会，于是亲赴大陆考察洽谈生意，不久，就揽下了几个大项目。

就在安氏公司谋求在大陆一展宏图之际，情况发生了变化。

那是安邦准备来大陆签合同的前一天，电视新闻中播出了一则消息：建筑业新霸主陆吉远，为求迅速发展，将于近日展开攻势，收购其“老东家”安氏。陆先生称，他正在调集资金，从明天起大规模收购安氏公司的股票。社会上零散的安氏公司股票数量很多，如果收购顺利，不愁做不了安氏最大股东。金融界认为，陆先生此举会引起股市的波动。

安邦听完这条新闻报道后，大吃一惊，吉远公司近几年发展迅速，安氏公司一直想以雄厚的实力和丰富的经验挤垮吉远公司，以解心头恨，怎奈吉远公司老板在房地产业上也不是吃素的，不仅没被挤垮，反而一天天壮大起来。

今天，陆吉远又要来收购安氏股票，这也欺人太甚了。我今天就陪你玩玩，来个反收购。安邦毕竟在生意场上混了大半辈子，老谋深算，没有草率行事。他先找来了吉远公司的全部资料，从头至尾，仔仔细细地看了一遍。不看不要紧，他发现了可疑之处。资料表明，吉远公司根本就不具备收购安氏公司的实力，吉远公司还会因此而积压资金。陆吉远不可能干这种蠢事，再说银行也不会同意。就算他真想收购安氏公司股票，又怎么可能把消息透露给无风三尺浪的新闻机构呢？其中必定有诈。

安邦已经猜到了八九分，陆吉远想让他实行反收购，积压资金，进而无法在大陆做生意。想到此处，安邦冷笑了几声，招来助手，交待了对策。

第二天股市开盘前，安氏公司宣布：本公司情愿放弃在大陆的发展计划，也决不让出安氏第一大股东的地位，公司将实施反收购方案。听到这个消息，吉远公司窃喜。

上午开盘后，安氏公司开始回收安氏股票，股价暴涨。但安氏公司只收购了一会就停止了。隔天早上，安氏股价进一步上升，吉远公司照旧大规模收购，有多少吃多少。安氏公司却没有在股市上露面。新闻报道说，吉远公司攻势凌厉，安氏公司成为缩头乌龟，不敢迎战。

又一天过去了，股票仍在持续大幅度上升，吉远公司开始力不从心。当天晚上，安氏公司代表宣布，安氏放弃反收购，安氏老板在大陆已签订大宗工程合同，安氏公司在大陆的发展计划不变。

吉远公司此时已无钱再继续高价收购安氏股票，第四天，只好宣布停止收购，安氏股票价格大幅度下跌，吉远公司高价购进的股票，只得低价抛出，赔了一大笔钱。至此，吉远收购安氏的阴谋不攻自破。

调侃中让人觉得自己是个儒商

按着通行的经验，如果一个人在商场上摸爬滚打多年，但只是表现出一个“白丁”的样子，还真的会被有些人瞧不起，为此有时不妨吹吹牛显示出自己不是一个“一般人”，这样也许会提升自己的成功率。

在客客气气的社交谈话中，坦率是致命伤。别误解，这不是在鼓励说谎。这里讲的是一种艺术、一种适当显示自己能力的艺术。餐桌谈话的高手不仅能够炫耀自己，还能够像斗牛勇士一样，挥洒自如地应付、闪避灾难。

有这样一个善于闪躲质问的人，他的厚颜与本领令了解他的人想大喊一声“太妙了”。例如，如果有人问他：“你可曾读过《堂吉诃德》?”他会回答：“最近不曾。”其实他根本没读过，然而谁会煞风景去破坏融洽的谈话?

另有一次，有人问他可曾读过但丁《神曲》中的地狱篇，他回答：“英文本没读过。”旁人不禁肃然起敬。他这句百分之百的真话会让人产生三种误解：他读过这诗篇；他精通十四世纪的意大利文；他是文学纯粹主义者，不屑读翻译本。真高明。

如果你也想在社交谈话中突出自己的能力，必须牢记几个诀窍。

（1）寻找安全话题

预备几个够有趣的题目，侃侃而谈，但言辞须含糊，只有专家能知道你在瞎扯。这里是一位外国专家给出的建议，不防考虑以下几项。

量子物理学。就暧昧模糊而言，这题目是数一数二的——连爱因斯坦都会紧张吃力。这个话题最重要的部分叫做“不确定性原理”。有位物理学家最爱以这个世界的本质为题讲些令人费解的话，然后看到周围的人个个满脸愕然、面面相觑，便忍不住偷笑；你大可以学学他。

死海古卷。几十年来，只有少数圣经学者能接触到这些古代经文并加以研究。他们不让别人看，也许是因为他们还没琢磨出古卷中文字的真正意思。

谈某位不大出名的历史人物。你选的历史人物不必有什么精彩的秘闻韵事，然而如果你不想再听某人喋喋不休地谈论当今的国家领导人，这题目就很适合了。你可以说：“某某怎么样？”

那人会顿时茫然，问道：“他怎么样？”

“你刚才说的全部可以应用到某某身上，”你回答，“你看看他的遭遇。政客就是这样的。”

这时你煞有介事的样子，一定会令对方摸不着头脑。

不过要审慎的是：之前必须跟其他客人周旋一下，谈些不相干的话，摸清楚什么题目不能碰，比尔有一次大谈“文化大革命”，谈了二十分钟，殊不知坐在他旁边的那个人是屈指可数的中国史权威，这会让自己很尴尬。

（2）用含义广泛的形容词

所用的形容词最好能适用于几乎任何方面。

如果有人要你对你毫无所知的某本书、某出舞台剧、某部电影或某个音乐发表意见，你应该说：“我喜欢他早期的作品，作风比较单纯。”或者说：“我喜欢他后来的作品，那比较成熟。”无论对方是否同意，都不能说你错。

（3）讲述一些历久弥新的趣闻逸事

你不必发表长篇大论也可以令人觉得你学问渊博。在节骨眼上讲出一桩人所罕知的事，会使人深信你满腹经纶。例如，你记住某某名作家的妻子是哪个富豪家族哪一房的正室或偏房的表亲，然后在跟人家讨论文学、商界动态、名人花絮或绯闻的时候，装作漫不经心地提起。

（4）发表别人无从驳斥的见解

闲谈中，难免会有人问你：“你认为如何？”

你不想把真正的想法说出来，原因是你刚才没有注意听。其实你一直在想的是赴宴途中你汽车发出的怪声，或者某部电影里某演员叫什么名字。不过，有三种答案适用于任何话题，而且不会引起异议：

“那完全要看情况而定。”

“不能一概而论。”

“在某些地方，情况会受环境因素影响。”

需要注意的是，在“冲”的时候，不要超过一定的限度，不要违背道德底线，不要以谋取不当利益为目的。这样，你就会神不知鬼不觉地提升了自己。

揭短示诚，吸纳取宠

人们都熟悉“王婆卖瓜，自卖自夸”这句口头禅，这实际也符合卖瓜人的心态，也是所有生意人的正向心态，自己的货自己夸，即使自己的货有毛病，也要找借口辩解，但有时候经商者主动表明自己的产品有问题，表面看起来商家很诚实，而穷其实质，不过是一种哗众取宠的“装”，但这种“装”有时是的确有效果。

现实中，一件商品，你吹得十全十美，人们却愈加持怀疑态度不去购买，可是你若说得实在，即使是有些不足，人们还是能够接受的。

日本的一家钟表店新推出的一种手表，问津者寥寥，后来店主写出一则推销广告：“这种手表秒针不太准确，二十四小时会慢四秒，请君购买时要三思。”不料，这种表的销路大开。

这种广告，表面是揭了商品的短，实际上是衬托了商品的优点，由于它摸透了人们的心理，取得了顾客信任。

通过以上揭短广告可以看出，揭示自己企业商品的不足之处，不仅不会影响商品的销售，反而还能促销。其原因就在于：揭示商品的一点点瑕疵，更能衬托出商品的优点，揭短充分体现了经营者的诚意。俗话说，诚招天下客，这怎么能不使顾客争相购买呢，企业花钱挽回了信誉，重新树立了良好的形象，这必然有利于企业的长远发展，取得推销产品的长期效益。

中国有句古语，叫作“家丑不可外扬”，即不能揭自家的短处，这种思想导致许多企业在推销产品时，总是卖瓜说瓜甜，卖花赞花香，至于产品的局限甚至缺陷，则是千方百计地加以掩饰，唯恐被人觉察而影响销路。久而久之，消费者便对“王婆卖瓜”的推销方式产生了抵触与逆反心理，而“揭短”的做法恰恰起到了平息这种抵触和逆反的作用。

“揭短”的做法不仅能取信于人，如果能创造性地加以利用，还能反衬出企业或产品真正的优点。

1962年，美国底特律市的本巴赫广告公司为大众汽车设计了一份广告，广告的图案是一辆小汽车位于写有“次品”大字横标的上方，广告下方附有说明：大众车的检查员因仪表板上的小贮藏柜里有一道划痕而拒绝接受该车。该公司的一位负责人说：没有一家汽车制造商曾考虑过在他的广告里用“次品”这个字眼，只有大众车才敢如此自信。

大众公司在自己的产品广告上把产品置于“次品”字样之下，向公众坦白了自己公司也有“次品”，这无疑是在“外扬家丑”。其实，“次品”的含义恰恰与“次品”本身相反，众所周知，哪个厂家不出废品、次品呢？

大众车因为小贮藏柜里有一道划痕而被列为“次品”，正好说明了该公司对产品质量的高标准要求和对消费者严肃负责的态度，再进一步说，因一道划痕而未通过检查，那么通过检查的车一定会是无可挑剔的优质车。看到这样的广告，消费者往往会对大众车的质量更加信任。

由此可见，经商中常变变推销手法，整整“景”也会收到良好回报的。

故作姿态，声东击西

在经商活动中，故作姿态，声东击西，可以让人不明真相，分散注意力，这样有利于你自己战略意图的实现。

经商本身就是智力的较量，在各种竞争中，谁的智谋高，谁就会占上风。欲买而示之以卖，欲卖而示之以买，欲推销这类产品而示之以推销其他有关的产品，欲生产某种产品，却放风说要转产等等商业策略，只要认真掌握，都可以取得良好的效果。

美国的银行大亨摩根出生在康奈狄格州首府哈特福德，这是一个到处都是古典式房屋和教堂，又临近纽约的美丽小镇。摩根从一个无名小辈，发展成为华尔街的第一号人物，荣登美国经济霸主宝座，一点是凭借他善于把握机会，另一点就是他善于机巧应变。我们只从下面的例子中，就可看出摩根的赚钱手段是多么的高明。

一天，摩根在华尔街的办公室里来了一位拜访者，这人比摩根大两三岁，名叫克查姆。小伙子果敢机智，很有才华，与摩根谈得很投机，两人都有一种相见恨晚的感觉。“有一笔黄金买卖，想不想干?”克查姆问摩根。原来克查姆的父亲是华尔街的投资经纪人，克查姆从他父亲那里得到了一些好消息，他告诉摩根，他父亲从华盛顿方面得到确切消息，最近一段时期，北军伤亡惨重；同时，政府准备出售200万美元战债。

这个消息对于摩根来说，是相当及时的，也是至关重要的。做交易，必须以可靠的信息做保障，同时，还要具备冒险的精神，只有这样，才能从交易中谋取暴利。“只要能赚钱，为什么不干?”摩根浓眉下那双深不可测的蓝色大眼睛立刻闪烁出喜悦的光芒。

在克查姆的建议下，摩根立即同在伦敦的皮鲍狄先生打了个招呼，通过皮鲍狄公司和摩根共同付款的方式，秘密买下了价值 400 万～500 万美元的黄金。他将其中一半黄金给皮鲍狄汇往伦敦，另一半自己留下，并故意让汇款走漏风声。于是到处都在流传着皮鲍狄买下黄金的消息，而此时又恰遇查理斯敦港的北军战败，黄金价格猛地暴涨。摩根恰到好处地把手里的黄金全部抛出，成捆成捆的钞票顷刻间全部落入他的钱袋。

摩根靠这种故作姿态、声东击西的策略充分显示了他的经商才干。随着摩根在交易中的一次次胜利，摩根商行的资本不断扩大，在华尔街的影响也与日俱增，摩根终于从一个无名小辈成长为华尔街金融界的一颗新星，从而也揭开了他事业新的一页。

第五章 在广告与营销之间善用“托”的促销艺术

通常，我们比较关注广告创意，但仅有好的广告创意是很难支撑市场销售的。好的促销活动就像是广告的“咖啡伴侣”，不仅能提神，还能更有味儿。在广告与营销之间使用“托”的促销艺术，能使商品的好处更真切地展现在顾客面前。由于顾客亲临现场并参与其中，因此，这种促销活动对有效传递营销信息具有特别的影响力。通过将产品或者营销信息以活灵活现的立体形式、现身说法表现出来，企业、商家能够从情感上同受众进行接触，从而能够确保他们所传递的概念深入人心而不被轻易遗忘。作为生意人，不失时机地、巧妙地活用“托”的技巧不失为一种快速获利的方法。

让满意的客户替你说话

在交易中要知道，客户最关心的是商家所介绍的商品是否如介绍的那样好，并在急需时能及时提供服务。从长远利益看，那正是人们想要的东西。但是商家自己的话不足以说服他们，客户会想："他那样说不过是为了卖出东西。"然而当他们听到的是另一个很满意的客户的话时，其分量就不一样了。而这个满意的用户，无论怎样说，只要你能让他为你说话，那都是"托"，只不过是这个"托"说的只是真话而已。

有一位叫伯雷的复印机经销商去拜访了和他有良好关系的一些客户，他们因为伯雷提供的优质服务而经常从他那儿购买东西。伯雷问他们每一位："你对我提供的服务满意吗?"他们回答"是"，于是伯雷说：

"帮我一个忙可以吗?"

"当然可以，伯雷。你想让我做点什么?"

"我想请你告诉我，我提供的什么服务使你特别满意?"

"OK，伯雷。我最喜欢的是……"

"先等会儿，"伯雷打断道，"你不介意我把它录下来吧!"

"当然不介意。"

于是伯雷随手把录音机放到客户前面，同时说道："你瞧，有人拿不定主意购买我的东西时，我想把这盘磁带放给他们听。"

"没问题。我很高兴说两句。"

事情是这样的，伯雷正在销售门罗牌复印机。虽然公司对他的销售工作评价较高，但他觉得可以做得更好。只不过他遇到的比较特殊的问题是如何向从没听说过门罗的人们介绍产品。

经过分析，伯雷得出一个结论：销售员对客户说的话作用不大，因为谈话是很廉价的。必须采取一种方式向客户表明：买我的东西比买竞争者的实惠。伯雷问自己："如何让潜在客户知道，我提供的额外服务值得他们与我做买卖?"

突然，一个念头像闪电一样闪过伯雷的脑海："我要让客户帮我销售!"

于是，便出现了开头的那一幕。在客户的配合下，伯雷提一些如"售后服务如何?"之类的问题，然后闭上嘴静听对方的精彩叙述。

"没有出过问题吗?"伯雷又问。其实他知道，对于复印机这样的机械设备，不可能一点运转错误都没有。

有一个房地产经纪人，曾坚持要伯雷立一张字据，说如果她的设备运转不灵时必须借一台过去使用，以免她的销售人员在繁忙的周末因缺少复印机而耽误工作。

现在，当伯雷又找到她并把录音机麦克风递过去时，她热情地描述：

"我们的机器不会在急需的时候出问题。有一个星期六上午，它碰巧不灵了，使我们着急了一阵。我想起伯雷给我的家庭电话，他曾说：'你需要我时，全天 24 小时随时打电话来。'绝对地，销售员都那样说，因此我当时没抱多大希望。但是情况紧急，于是我打电话给他：'伯雷，复印机不干活儿了，你能帮我忙吗?'伯雷说：'我半小时内赶来，并带上一个机子借给你们，这个周末你们可以用它，等周一上午我们的服务人员修好你的机器再还给我。'"

这盘磁带真帮了伯雷的大忙，他难记清有多少次，面对处于防御状态并难以下决心的潜在客户，使用了这盘录音带而与客户做成了买卖。

伯雷还从所采访的客户那里拿到一些有关他或她的录音谈话的评论推荐信。这些信更证实了录音采访的真实性。伯雷把这些信放到塑料散页夹里。由于大多数人没时间看整封信，伯雷就用黄色彩笔把支持录音谈话的一两个关键句子勾出来。磁带和信件使伯雷拥有了有力的工具。

伯雷的磁带上都有客户自己的签名。当潜在客户听到磁带上的评价时，他们的疑虑自然消失，因为他们可以和磁带上的人直接联系。然后伯雷这样收尾："我们是否继续做点什么?""好，好，伯雷，我们什么时候能拿到货?"

伯雷的销售绩效，来自他的这个伟大的创意工具。这是一种可用于销售许多产品的廉价工具，也是对付反对意见的有效手段。正如伯雷所证实的，这种手段对完成直销活动有极好的效果。

让局外人为你做“证”

利用“局外人”推销，不但可以省去很多广告费，而且可以非常快捷而又有效地获得客户的信赖，它是与竞争对手争夺客户的最好武器。

在一般情况下，法庭的陪审团很难对律师的辩词给予十分的肯定，所以最终的判决与律师的努力形成不了正比。面对这种情况，辩护律师通常请目击证人到法庭上提供最有利的证词，以增强辩护词的可信度，取得预期效果。

而在经商中，无论商家怎样夸赞自己的商品如何如何，都不如局外人对你的一句夸赞和评说，更容易让顾客信服。

按照规定：推销保险一旦成功，投保人就在保险公司印制的“同意接受单”上签字。有一位保险推销员把凡是自己经手的这些签了字的“同意接受单”复印一份，而且妥善保管。他是这样将这些资料派上用场的：“先生，我的话可能有些夸大，那是由于我迫切希望您能买保险。不过为了验证我的话的真实性，您可以联系一些局外人进行了解。您能将电话借我用一下吗?”之后，他打通从那些材料中挑选出来的局外人的电话，他们通常是和新客户有联系的人。有时候他们可能出差或在外面，这时和他们联系往往可以取得更好的效果。

在初次运用这种方法的时候难免心存顾虑，不过他所担心的从来没有出现过，令人欣喜的是这些客户非常愿意向这些局外人征询意见。如果遇到局外人是客户非常熟悉的人，他们往往谈得热火朝天。

这种做法虽然是他进行的尝试，却可以起到意想不到的效果，他通常不用花费很多口舌就能做成一笔生意。虽然其他推销员也推荐了很多方法，但他的销售办法往往是彼此连贯的，他的“局外人”方法起到的效果更明显。

那些局外人非常配合他的工作，常常向客户积极推荐他的保险，自然成功之后他得马上向他们表示谢意。他们也在他的成功中获得快乐，并获得极大的激情。

还有一位朋友几年前打算购买燃油锅炉，各家公司的推销员闻风而动前来推销，其中一个提供了一份他们公司用户的联系方式，建议他向这些用户询问他们公司的燃油锅炉的性能。

这位朋友向其中一些熟悉的人打电话咨询这种锅炉的情况，最后和这个推销员做成了这笔生意。这件事虽然过了许多年，可这位推销员还不忘夸奖这种非常有效的推销方法。关于这一推销技巧，成功学家戴尔·卡耐基还讲过这样的一个例子。

戴尔曾打算去加拿大旅游，希望下榻到一家设施高档、服务周到、内容众多的饭店。一些推销员对这条消息如获至宝，纷纷向戴尔先生推销说他们的饭店可以满足他的需求，结果让他不知如何选择。后来他看到了一封与众不同的信，信中建议他给一些曾下榻过他们饭店的人打电话咨询饭店的情况。

戴尔发现名单当中有一个人是他认识的，于是给他打电话咨询。这个人对这家饭店大加称赞，并极力向戴尔推荐，最后戴尔选择了这家饭店。

运用这一策略最为关键的是局外人千万不能是胡编乱造出来的。其实每家企业都有这样的局外人，关键是他们有没有利用，如果不利用，那么只好看着客人被自己的竞争对手抢走。

利用“局外人”推销，你会非常快捷而又有效地获得客户的信赖。

表演“双簧”

商人总是玩弄各种花招来引起人们的购买欲，以此达到销售的目的。人们在做生意中对“托”的技法的运用可谓是炉火纯青，而且他们的招术不尽相同，但手法却十分高明，有时一家人扮成竞争对手，演起了“双簧”戏法，竟然使人难辨真假。

很多年以前，在美国费城西部，有两个敌对的商店，一个叫纽约贸易商店，另一个叫美洲贸易商店。两个商店刚好是隔壁邻居，店老板却是死对头，他们之间常展开价格竞争。

当纽约贸易商店的窗口上挂出：“出售爱尔兰亚麻被单，该被单质量上乘，完美无缺，价格低廉，每床价格 6. 50 美元。”美洲贸易商店的窗口会出现：“人们应擦亮眼睛，本店被单世界一流，定价 5. 95 美元。”

除了广告竞争之外，他们还常走出商店，相互咒骂，甚至大打出手。最终他们中间有一个会从竞争中退出来，宣称另一个店老板是疯子，在他那里买东西的人都是疯子。于是人们会跑到竞争获胜的商店买完所有的床单。在这一带，他们的不断激烈竞争，使人们买到各种物美价廉的商品而获利不少。

有一天，他们中间有一位老板去世了。几天后，另一位老板开始了停业清仓大展销，然后，他搬了家，人们再也没有看见他。

当房子的新主人进行大清理时，发现两位老板的住房有一暗道相通。通过进一步查证，原来两位老板竟是手足兄弟。

什么咒骂、恐吓和其他人身攻击，原来是在演戏！所有的价格竞争都是“双簧”，谁获得了胜利，谁就把两个店的商品一并抛了出去。他们的“骗局”持续了 30 多年，竟无人识破。

请注意，这两位兄弟老板演“双簧”，所销之货是物美价廉的，这便是一种促销艺术，犹如双簧表演，观众可获愉悦。如果他们所销之货是假冒伪劣，那就成了真正的骗局，应受遣责与制裁。

在商业竞争日趋激烈的今天，仅凭死打硬拼，到头来恐怕也只能是两败俱伤，没有真正的赢家，而“双簧”戏的登场，借助一个“托”能赢得顾客，那么“三簧”“四簧”行不行呢，这里大有生意人深思的空间。

一提商品名字就让人觉得顺耳

日本的产品设计家平岛廉久认为：“商品提供给消费者的价值有两种，一种是硬性商品价值，是指商品实际能提供给消费者的功能；另一种是软性商品价值，则是指能满足消费者感性需求的某种文化。”因此，产品要满足人们精神方面的需求，这就要求商品中有精神内涵和文化底蕴，它可以说是商品之魂，没有“魂”的商品是一种干枯呆板的物体。有了“魂”，商品则升华为一种情感，一个有灵魂的活物。

而我们给商品起个好名字，无异于激活了它的“魂”。

一件有着丰富文化含量、造型设计别致的商品，常会令人爱不释手。如今，许多企业经营者已经敏锐地意识到在产品开发中，必须注重发挥文化优势，挖掘文化遗产，丰富产品的文化内涵，从而使产品迅速打开市场销路。

山东曲阜是孔子的家乡，孔子连同孔庙、孔府、孔林等在国内外都有很大的名气。于是曲阜的企业家们大做借名文章，在产品商标开发上，非“孔”即“圣”，取得了很好的经济效益，“孔府家酒”“孔府宴酒”都成了闻名中外的名酒。

浙江省绍兴是鲁迅的故乡，近年来，绍兴的生意人吃上了“鲁迅饭”。当你漫步绍兴街头，只要稍加留意，就会发现许多店名招牌都是取于鲁迅著作，如“祥林嫂饭店”“咸亨酒店”“阿Q服饰”“孔乙己酒家”“祝福艺苑”“未庄食府”“朝花影社”“阿贵酒店”“野草书屋”等。据该市商标事务所统计，全市借鲁迅作品中人物、地名来做企业名称或产品商标的有200个左右。不少企业都获得了可观的经济效益。据该市资产评估事务所介绍，1989

年有个卖茴香豆的个体户用300元注册的“孔乙己”商标，如今价值已达26万元。这一商标给小店带来了极大的经济效益，“孔乙己”茴香豆现在畅销北京、上海、杭州等地。

《北京纪事》杂志上曾有篇题为《三毛闯海》的报道。说的是：近日，京城一夜间冒出个“三毛修理摊”，摊主是个16岁的小伙子，他按著名画家张乐平所作《三毛流浪记》中三毛的模样，剃了个只剩下三小撮毛的头，打出了“三毛修理摊”的牌号，生意一下由往日的惨淡经营、生活难以维持而变得火爆起来。

杜康酒是我国历史名酒。魏武帝曹操在著名的《短歌行》中曾留下佳句：“慨当以慷，忧思难忘。何以解忧？唯有杜康。”然而，在连绵不断的战争和朝代更迭中，杜康酒的制作工艺却失传了。1971年，河南伊川杜康酒厂经过反复研制，开发出新一代杜康酒。为迅速打开国内外市场，该厂乘1976年冶金部代表团访问日本的机会，把酒送给日本原首相田中角荣，并赠诗一首：“田中原首相，和好利家邦。献上杜康酒，周公古义长。”这酒是通过该代表团一位团员的日籍华裔弟弟转送的，转送者也附写了一首诗：“美酒古来为杜康，河南一饮三年香。诺言生死应更改，七载做成献寿长”，一并送给田中角荣。诗颂酒意，酒香诗雅。于是，杜康酒与颂酒诗很快传遍日本，在日本形成了一股杜康酒热。杜康酒的促销是借用了其悠久的历史，再配以颂酒诗加以渲染，使人感到饮杜康酒如同在回忆中国历史一样，可谓借用得恰到好处。

可见，有时商品未见真的好或不好，宣传的好，让它依托一个响亮的名字就使它有了致胜的“金身”，随之身价倍增也是理所当然的了。

虚张声势迷惑对手

《三国演义》中有这样一个故事：乌巢劫粮之后，曹操乘势向袁军发起全面进攻。荀攸向曹操献计说："今可扬言调拨人马，一路取酸枣，攻邺郡；一路取黎阳，断袁兵归路。袁绍闻之，必然惊惶，分兵拒我；我乘其兵动时击之，绍可破也。"曹操依计而行，即刻"使大小三军，四出扬言"。袁绍听到这个消息大惊，忙派两路大军连夜救援邺郡和黎阳。曹军趁袁军"两臂后伸，胸膛露出"之际，"八路齐出，直冲绍营"，杀得袁绍落花流水，"四散奔走"。袁绍在乱军中只带着儿子和"随行八百余骑"，狼狈逃回了河北。这里荀攸所献之计，是通过虚张声势，制造假情况，来分散袁军兵力的。在现代商战中，虚张声势也是竞争取胜的有效手段。

美国宝丽来远东有限公司开发了一种称为百彩系统的新品——即拍即有的相机。在其百彩系统上市之前，为了保证它顺利进入市场，公司策划了一系列轰轰烈烈公关活动，可谓大张旗鼓，虚张声势。

他们是这样设计组织的。

（1）在洛杉矶举办了全世界最大的相机模型展览。精心设计的相机模型，好像一座二层高房子般大小，高约6.4米，长22米，宽9.1米，所用的材料，要8辆大卡车才能装下。里面还有各种机械与电子装置，作为机内零件及技术的示范。巨大的模型，立即吸引了人们对该相机的注意。

（2）召开了全世界新闻界新产品发布会。会议邀请世界各地的新闻界代表参加，同时还举行了世界性市场推广人员会议，以及全美市场销售会议。参加会议的达上千人之多。其中，最有特色的晚宴是在用来拍摄著名电视剧《豪门恩怨》的实景——那所豪华大宅里举行的。最后邀请会议人员参观世界知名的环球片场，大派胶卷，使大家可以在每个片场景色面前照相。下午，参观宝丽来即拍即有相机及胶卷制造厂。晚上，在酒店举行盛大的欢送会，感谢大家千里而来参加这次活动。这次不惜血本的新产品发布会，表明了宝丽来公司对该新产品前途的信心，意在掀起使用该新产品的高潮。

（3）组织名人私生活写真集。这一活动是利用各种渠道将百彩系统套装送给全国知名人士，尤其是上流社会和娱乐界的人士，鼓励他们用这种相机为自己拍摄生活照片，并安排这些珍贵的照片在畅销的杂志上刊登，吸引全国人的注意。许多杂志在刊登“写真集”的同时，还特意介绍了一下这个奇趣的相机。

（4）运用新闻录像带宣传。宝丽来百彩系统录像带雇用《烈火战车》的男主角拍摄，分送给多家电视台，让他们随意采用，不必照单全收，可将带子随便删节或混在其他报道中采用。这使新产品的宣传成为电视新闻或其他节目的一部分内容，适时被介绍出来。

此外，公司还不断采用新闻稿的形式，在新产品推出前、推出期间和推出后做辅助性宣传，收到了令人鼓舞的报道效果。

这些精心策划的公关活动，不仅向目标公众介绍这种新产品的诞生、革命性的创新及特点，同时也为这个新产品树立起了一个独特的高级形象。因而，产品一问世即大受消费者欢迎，销量直线上升，这场虚张声势的宣传达到了十分理想的目的。

1979 年，美国可口可乐公司“不露声色”地走进了开放的中国大门。在不事声张中，10 年来，可口可乐先后在广州、厦门、天津、杭州、南京等地建立了 13 个瓶装厂。如今，这种“洋水”已在中国市场到处可见，具有极高的商标知名度。

与之相反，法国轩尼诗公司的 XO 白兰地，则采用截然不同的方式进入中国市场。1991 年 6 月 6 日，这家公司“虚张声势”，将装有 5 箱白兰地酒的 4 桅白帆船，鼓乐开道运到上海客运码头，仅宣传费就花去 1200 万美元，终于使这种昂贵的酒敲开了中国大门：在香港和内地年销量高达 50 万箱。

蜚声世界的英国甲壳虫乐队在其早期久久打不开局面，除在利物浦地区有点影响外，他们的唱片一直挤不进全国畅销唱片的目录，人们养成已久的欣赏习惯顽固地排斥着这种反传统的“新玩意儿”。

这个乐队的经纪人布莱恩·爱泼斯坦独具慧眼，看到了该队的潜力，决定改变这种萧条的状况。他把一批代理人派往各个编制唱片目录的城市。这些人到了各城市之后，在规定的同一时间里到处购买甲壳虫乐队的唱片，并故意到已售缺的商店三番五次地催问下一批唱片的到货时间，同时还向电台、电视台询问买该唱片邮购商店的地址。大量从各地收购来的唱片，又经爱泼斯坦自己的唱片商店再转手批发和零售出去，从而伪造出甲壳虫乐队唱片十分走俏的“繁荣”假象。经过这样几个月的来回循环折腾，甲壳虫乐队的声望“轰”的一下子上去了，这种音乐变成了英国的流行音乐。不仅如此，“甲壳虫热”还越出英国国界，漂洋过海，迅速传到了许多国家，他们的音乐成了一种世界性的流行音乐，影响了一代人。

“托”的运用可谓是百试百灵，但一定要用得像模像样，切忌漏洞百出，弄巧成拙。

假戏真唱

在商业活动中，一般的顾客都希望以尽量低的价格购进商品。而以往的公司都是以顾客为对手，以自身价格的尽量升高为目的。但美国一公司却反其道而行之，设立了一种专替顾客讲价公司。该公司称能替顾客“以最低的价格买到最好的东西”，因而得到顾客的欢迎。

讲价公司的业务范围非常广泛，包括住房、土地、电器等，凡顾客需要购买的都属于该公司业务范围。通常，公司接到顾客的“订单”后，即派人调查该类商品的市场价格以及卖方的心理，并估计该商品的价格能降到的最低限度。接着，公司便根据顾客求买心切的心理，用最好的承诺取得他们的信任。最后，公司以顾客代理人的身份直接与卖方讨价还价，以使卖方降价出售。由于公司掌握了买卖双方的心理，因而做起生意来很主动。这种正戏反唱之法，不但扩大了自己的客户和收益，还在双方之间讨好，可谓一石二鸟。

正戏反唱的基本方法是正面文章反面做，而如何做好这种“反面文章”，也需要着力下一番功夫。

“人寿保险”几个字，常常是不受人们欢迎的字眼。不少人一听到这几个字就产生讨厌情绪，形成心理隔阂，使保险业务在推广过程中大受阻碍，外勤业务人员常常被人们拒之于门外。

为了突破这一障碍，台湾新光人寿保险公司经理吴家录亲笔著文，在报纸上发表了一篇题为《讨厌的人寿保险》的文章。这篇文章题目是贬意，正符合不少人对人寿保险产生讨厌情绪的心理，非要看看文章是怎样写的。其实，这篇文章是正面文章反面做，内容与标题并不相符，它采用有奖征答的形式，所提出的问题大都与人寿保险业务有关。看在奖品的份上，读者反应非常热烈。最后他们还邀请明星公开抽奖。对于未中奖的读者，新光人寿公司特派外勤业务员登门拜访，并赠送纪念品，争取读者对人寿保险业的好感。

结果，这篇《讨厌的人寿保险》文章一举成功，为新光公司争取到将近三亿新台币的保险业务量。

正戏反唱的妙处还在于吸引顾客的注意力，通过这种“醉翁之意不在酒”的假戏真唱，提高了企业和产品的知名度。例如，正当可口可乐在世界最流行之时，该公司突然宣布要改变沿用了99年之久的老配方，而采用刚研制成功的新配方。并声称要以新配方再创可口可乐在世界饮料行业中的新纪录。他们用了3年时间，耗资500万美元，进行了20多万人次的口味调查和饮用试验。其中55%的人认为新配方味道较好。同时，该公司也收到了无数封抗议信件和1500多次抗议电话，还有人举行示威，反对改用新配方。这可乐坏了其对手百事可乐公司老板。

正当百事可乐公司老板乐不可支时，可口可乐公司董事长突然宣布，为了尊重老顾客的意见，公司决定恢复老配方可口可乐生产，并取名为“古典可口可乐”。同时考虑消费者的新需要，新配方的可口可乐也同时继续生产。

消息传出，美国各地的可乐爱好者为之雀跃，老顾客纷纷狂饮老牌可乐，新顾客竞相购买新可乐。一时新老可乐销售量比往年同期上涨8%，可口可乐公司的股票每股猛涨了2.57美元，百事可乐公司股票却下跌了0.75美元。

可口可乐的好戏就好在“假戏真唱”“欲擒故纵”，放弃的老配方是假，真正的目的是想激发人们对可口可乐的依恋欲望，同时为新配方的可口可乐做广告，开发剩余市场，可谓一石二鸟。

在名份上要宣传对方

生意上最要紧的是赚到钱，至于名份理应在钱之后，但也不否认，在商场有一些商人仍然很看重名份，这就为精明的商人与其合作建关系提供了可利用的机会。

钢铁大王安德鲁·卡耐基年幼时，父母从英国来到美国定居。卡耐基10岁时，无意中得到一只母兔子。不久，母兔子生下一窝小兔。由于家境贫寒，卡耐基买不起饲料喂养这窝小兔子。于是，他想了一个办法：请邻居小朋友来参观他的兔子，这些小朋友们一下子喜欢上了这些可爱的小东西。于是，卡耐基趁机宣布，只要他们肯拿饲料来喂养小兔子，他将用小朋友的名字为这些小兔子命名。小朋友出于对小动物的喜爱，都愿意提供饲料，使这窝兔子成长得很好。这件事给了卡耐基一个有益的启示：人们对自己的名字非常在意，都有显示自己的欲望。

卡耐基长大成人后，通过自身努力，由小职员干起，步步发展，成为一家钢铁公司的老板。有一次他为了竞标太平洋铁路公司的卧车合约，与竞争对手布尔门铁路公司铆上劲儿了。双方为了得标，不断削价竞争，已到了无利可图的地步。

有一天，卡耐基到太平洋铁路公司商谈投标的事，在一家旅馆门口遇上布尔门先生，“仇人”相见，在一般情况下，应该“分外眼红”，但卡耐基却主动上前向布尔门打招呼，并说：“我们两家公司这样做，不是在互挖墙脚吗？”

接着，卡耐基向布尔门说，恶性竞争对谁都没好处，并提出彼此尽释前嫌，携手合作的建议。布尔门见卡耐基一番诚意，觉得有道理，但他却仍然不是痛痛快快地表示要与卡耐基合作。

卡耐基反复询问布尔门不肯合作的原因，布尔门沉默了半天，说："如果我们合作的话，新公司的名称叫什么？"

卡耐基一下明白了布尔门的意图。他想起自己少年时养兔子的事。

于是，卡耐基果断地回答："当然用'布尔门卧车公司'啦！"卡耐基的回答使布尔门有点不敢相信，卡耐基又重复了一遍，卡尔门才确信无疑。这样，两人很快就达成了合作协议，取得了太平洋铁路卧车的生意合约，布尔门和卡耐基在这笔业务中都大赚了一笔。

另有一次，卡耐基在宾夕法尼亚州匹兹堡建起一家钢铁厂，是专门生产铁轨的。当时，美国宾夕法尼亚铁路公司是铁轨的大买主，该公司的董事长名叫汤姆生。卡耐基为了稳住这个大买主，同样采取"成人之名法"，把这家新建的钢铁厂取名为"汤姆生钢铁厂"。果然，这位董事长非常高兴，卡耐基也顺利地取得了他稳定、持续的大订单，他的事业从此发展起来了，并最终成为赫赫有名的"钢铁大王"。

在这里，卡耐基利用别人重视名字爱风光的心理，适时把对方推上前台，而自己甘心隐于幕后，从而借他人之名而成功实现自己的目标。并且大家都从中得到了自己想要的东西，皆大欢喜。精明的卡耐基明白，名字虽然是你的，但东西是属于我的。他不计较这种表面的东西，也就得到了最实在的利益。在与别人合作的过程中，可以把风光让出来，主动让对方站在前台，而自己隐身幕后操作。这既是强者操纵大事的手段，也是弱者取得最大化利益的有效策略。谦恭退让的人，大家也必然乐于与你携手。

售出一流价格的四个要诀

商业发展的事实证明，企业应当把制定合理的价格放在首位，因为一旦一种产品的心理价格确定以后，就很难再改变。有些经销商喜欢提倡传统理念上的“厚利多销”原则，那么我们就不得不分析厚利多销原则它所适应的对象，在多数成功商人看来，并不是所有的商品都符合厚利多销原则，根据犹太商人的经商实践，他们认为，要售出一流价格的商品，它必须具有四个理由。

（1）这种商品在市场上定位本来就高，如珠宝首饰和某些名牌奢侈品。

（2）这种商品在市场上奇缺，极有希望在极短的时间内把本钱赚回来。营销学上，高价定价法也可以形象地称为撇油定价法。撇油，是美国人的说法，意思是把牛奶上层的奶油撇开沥出来。这种定价方法的做法是把新产品的价格定得很高，目的是希望在极短的时间内把本钱赚回来。比如，1945 年，雷诺公司利用引进技术研制出一种新产品原子笔，即后来的圆珠笔，在圣诞节前夕生产出来并投放市场。雷诺公司在定价上便是采用“高价定价法”。当时，这种原子笔的生产成本仅为每支 0.50 美元，而公司批发价却是每支 10 美元，零售价为每支 20 美元。这样的定价的依据是：一方面，它是一种新产品，消费者对它抱有一种好奇心理；另一方面，当时适值二战之后，市场上商品奇缺，求大于供。

高价定价法实施之后会直接刺激竞争对手迅速进入市场，所以作为起始者应当在对手迅速入市时便开始大幅度降价，借以战胜竞争对手。因为像雷诺公司这时候已大赚特赚了，即使这时候所有产品按成本价出售，也不会有任何负面影响。

（3）高价定价法特别适用那些一次购买后可用多年的产品，或者不常购买的产品，或者富有新创意的产品。在犹太人看来，高价定价法的实质是差别定价，也就是说，它是随着时间的移易而推出不同的价格。在新产品上市销售初期，新产品首先以高价在价格弹性很小的市场上销售，因为这种时候市场上的消费者往往抱着捷足先登、先睹为快、先用为快的购买心理，愿意出较高的价格而不予计较；然后，随着时间的推移，再逐步降低价格，使新产品进入弹性较大的市场，使产品面向接受价位能力较低的消费者。

（4）这种商品在市场的份额极少，以致不能容纳第二个竞争者。我们知道，在世界汽车市场，劳斯莱斯汽车就是采取最高价位的游击战法。一辆车的价格高达百万元、千万元，可以说是车中之王，至尊至贵。

没有人想要与劳斯莱斯竞争，因为像这样的市场小得不足以容纳第二个竞争者。劳斯莱斯也想必拥有雄厚本钱以对抗入侵者，竞争起来必是稳操胜券。

根据犹太商经的原则，游击战法是将本身的实力集中于最有利的小优势或小区隔市场上，而能够抵抗市场领导者的攻击。游击战法与突击战法的最大分野是“突击战法系针对领导者所处地位而发动的大胆的攻击行动，其目的在于掠取领导者的市场占有率；而游击战法则是自开战场，虽无力攻击他人，但别人也不会侵入”。

依此而言，奔驰汽车算是高价位的突击者，因为其攻击的对象是卡迪拉克汽车而且它确实夺走了通用汽车公司不少的市场，逼使通用汽车推出另一款更高级轿车“席维拉”以对抗。

劳斯莱斯汽车则是真正的游击者，它并没有威胁到市场领导者或其他同行的市场；当然以广义来说它也夺走了别人的市场，但夺走的是显示富贵的证券商或珠宝商的生意，与汽车经销商并无正面冲突。

总之，有关定价成功或失败的例子俯拾皆是。卡迪拉克的

“阿兰雷”车曾经有段时间卖不到5.6万美元，因为在消费者看来，一辆卡迪拉克车并不值5.6万美元。“巴利”鞋的订价则恰恰相反，“巴利”在美国高档鞋市场上十分走俏，但如果你访问它的“巴利”总部所在地——瑞士，就会发现一些有趣的事实，“巴利”鞋既非高档鞋也非低档鞋，其价格从低到高一应俱全。而采用高价战术，“巴利”得以在美国市场上开发出一个有效的战略。“大力士”金酒的例子更是令人啼笑皆非。在它的产地，“大力士”是一种低价产品，而在美国的消费者的心目中，委实再难以容下另一种低价的杜松子酒。因此，在美国市场上，“大力士”摇身一变，成了高价杜松子酒。这种高价战术大获成功。“大力士”每年销售量达一百万箱。

由此看来，在经商中，商家要获得较好的利润，价格是关键，找出价格的要点是关键中的关键。

第六章 明里促关系，暗里抓防范

商海无情，陷阱重重。尽管商场上都是业内的人，但内心所揣的心事却是大相径庭，有的是正规经商，有的是买空卖空，有的是以欺诈为主，更有甚者是专门靠损人利己为勾当的。商场中的关系可谓复杂之至，然而，作为生意人，哪一类人都不能得罪，况且各色人等又不易察觉，因此，做为生意人，要保证不吃亏的话，对任何人你都要防一手。尽管骗子骗术高明，但加强防范意识，认识诈骗花招，总是能减少受骗几率，减少损失的。在茫茫商海中，能躲开暗礁和陷阱，也是成功者的必备素质。

经商不能没有戒备心

在商场中，十年苦心经营起来的家当一夜被骗，这样的教训不谓不多见。面对这样的教训，我们要做的不是追悔，而是深层次的思考：为什么会上当受骗，受骗的为什么是我们而不是别人？

在复杂、激烈的竞争场上，骗子的脸上是没有写字让人们辨认的，相反他们却穿着非常美丽的外衣，巧舌如簧，每时每刻都可能活动在你的身边，随时随地都可能把灾难降临到创业者头上。他像一个黑色幽灵，活跃在你的经营活动里，若隐若现，明来暗去，像埋伏在周围的敌人，时刻都可使你遭到不测，甚至使你破产。面对如此的商场竞争，经营者若耳闭目塞，头脑反应迟钝，对付骗子没有起码的戒备心，上了当，受了骗，有时自己还蒙在鼓里不知道呢。

没有戒备心，对自己的投资不加分析、思考，往往就会糊里糊涂地上了骗子的贼船，被掀翻在商海中。有一位经济学家曾这样说："不要迷信号称有极高利润的经营项目，实际上有百分之十的利润已是十分有利可图的了，越是获利高的经营项目其风险性就可能越大。"可见，经营者投资之前，看准对方的经营实力是最关键的。对于无雄厚资金却试图通过"集资"来经营的人应多加防范，不了解某种经营项目的行情，就千万不能光凭对对方的"好印象"而投资。

作为经营者，采用谨慎的投资策略可减少风险，避免受骗上当。前几年，北京长城机电科技产业公司的"技术开发合同"炙手可热，一传十，十传百，有那么多的个体经营者、小商贩，或准备投资市场一展风采的热心者，集中到"长城"的身边，有钱的从银行提出存款，钱少的几个人凑成一股，没钱的到处借钱，甚至有个别人不惜贷款或挪用公款，然而，谁能想到，人们的热情、血汗钱，还有那“随时都可能得到高额利润的期望”，换来的却是一场魔术般的大骗局！

长城公司的诡计之所以得逞，其关键是因为这帮受害者急于获利，失去了必要的戒心。其实稍微谨慎点，琢磨一下长城公司所言生产的可靠性、成功的保险系数、高利的偿还能力，便会识破其骗局，或者至少不会贸然投资那么多了。

没有戒备心，对别人不加防范，也时常吃亏。不过，经常提防与自己合作做生意的朋友、同事，看起来似乎不够义气，但有时实在是无可奈何。人常说“防人之心不可无”，临事三思而后行还是需要的。因为面临“利”字当头的选择时，有许多人，哪怕是好朋友，甚至父子亲戚财迷心窍，中饱私囊，什么也不顾的大有人在。

与陌生的合作者打交道，对其充分相信，不做必要的资信调查，也常常使人上当。与他人合作、搞交易之前，对对方的资料状况、组成人员状况、盈利亏损状况、业务内容、设备设施、创业资历等内容，按说都应该进行认真的情况调查，这样才能熟知对方底细，也才能看清对方是真心实意而来的，而不是皮包商，不是骗子。

没有戒备心，没有起码的鉴别常识，经营者很可能被商场上的一些假东西套牢。现代商场，虚假广告常常诱惑着一心想发财的经营者，假冒伪劣产品被一些不法分子以廉价转销给经营者，虚假的无效合同不时缠绕着经营者，假发票、假信用证、假单据更使经营者受到骚扰。经营者若想与假绝缘，自己就要炼就一双慧眼，时时保持戒心。

创业者没有戒备心，不注意保管好自己的各种资料，很可能失去自己的独到之处，失去自己的商业秘密。在市场竞争的大舞台后面，有一条“看不见的战线”，来自不同方面的商业情报人员都在紧张地活动着，他们搜集着竞争对手产品的原料配方、生产工艺、销售渠道、市场占有率等资料。因为，商业秘密的获得，也是战胜对手的主要手段。也许有许多经营者，尤其是小本生意者认为，自己还有什么需要保守的商业秘密呢，其实这是大错特错。生意场上不是有这样的说法：常去邻家看，生意不清淡。这还不是告诉经营者，要去邻居家看看，去了解同行的一些经营情况吗？也许经营者们还记得电影《林家铺子》中，一家百货店老板让学徒从门缝窥探林家铺子准备卖“一元货”的镜头吧，这就是一个很好的证明，自己还是有密可保的嘛！

既然行骗者有之，盗密者有之，那么创业者对付这些行为，最好的办法就是：依法办事，有规有章，心明眼亮，常有戒备，时刻也不放松警惕。

商业机密是不能与同行交流的

俗话说，人心隔肚皮，生意场上更是如此。因为利益的驱使，大家各打各的算盘，自然不会放过你有意无意间透露出来的商业机密。因此，无论如何都要把住口风，严守商业机密，这样就不至于被你的对手伤害。

有这样一则寓言。

老虎给兔子写了一封信，信中说：“兔子老弟，以前是我不好，把你吓得四处躲藏。最近好好反省自己才知道我实在是太过分了。如果你能既往不咎，我愿意向你赔礼道歉。另外，我从国外带回来一大包鲜草，如果你和你的家人能够享用，这将是我莫大的荣幸。听说你有三栋漂亮的别墅，如果你能原谅我，我愿意带上礼物参观你富丽堂皇的住处……”

兔子看完信后，心里很高兴，既然老虎有这个诚意，自己就宽容一些吧。它立即回信，邀请老虎来家做客。老虎果然带来了一包进口的鲜草。兔子带领着老虎参观自己的三处别墅，并对老虎说：“别人都说‘狡兔三窟’，这是我们保命的秘密呀！你千万不要让别人知道这个秘密，要不然，我一家老小十几口就要遭受灭顶之灾……”

还没等兔子说完，老虎就把兔子生吞活剥了，兔子分散在其他两所别墅的家人也成了老虎一个月的美食。

兔子的命运其实是咎由自取，它明明知道这是事关它全家性命的秘密，却还是明明白白地透露给了别人。但是，在现实生活中，这种人并不少见。他们在泄露秘密时，常挂在口头上的是：“你可千万不要告诉别人啊！要不……”最后，深受其害的人往往还是自己。

机密莫与外人言。如果只是生活上的琐事，损伤的可能只是个人的名誉或威信。但是，如果泄露的是商业机密，受到危害的恐怕就是一个企业甚至多家公司的巨额利益了。

如果你想在商业上有所建树，就要注意保密工作。这不仅是生意人最基本的道德操守，也是求得生存要具备的常识。

真正成功的企业都有强烈的保守秘密的意识。可口可乐公司向来就拒绝与合作方共享配方，而且“秘密配方”只有几个核心人物知道。也许你会认为，与别人合作需要坦诚相见，但事实是，保守商业秘密和与别人友好相处并不矛盾，过于坦诚倒有时会引起对方不良居心。在任何时候，保守商业秘密都应成为你的底线，商人没有必要告诉别人赚钱的秘诀和收益。

许多行业都有重要的商业机密，饮食业有自己独特的菜谱和配方，股市有新的动态和价格涨落，建筑、珠宝等产品有设计图纸，图书、报纸和电视等传媒有策划选题等。另外，各个公司还有自己的财务预算和亏损状况等。对那些风险投资的商人来说，商业秘密就是唯一的赌注和成本，保守秘密关系着企业的命运。因此，对潜伏在身边的“商业间谍”和“商业内奸”必须提防，不可轻易信人。

一旦你的重要机密泄露，你的一切就等于大白于天下，你的竞争对手势必会趁机采取相应的措施。你在明处，别人在暗处，俗话说：明枪易躲，暗箭难防。你的事业会因此受到致命的打击，而致使你遭受不幸的可能正是那些有意背叛你的跳槽者，或者是受到利诱的亲信，或者是对手派遣来的“探子”。

总之，时刻都要记住：商业机密重中之重，不可泄露分毫。

要始终保持高度的警惕性

生意人必须首先明确的一点是，生意关系决不同于生活中的朋友关系，你可以酒肉相伴、称兄道弟，但利益就是利益，尤其对于那些心怀歹意的人，稍不留神就会被算计。

还是先来读一则寓言。

猎人看见一只受伤的小狮子嗷嗷待哺，觉得很可怜，于是就把它抱回家喂养起来。这只小狮子在猎人的细心照料下长得很强壮，而且和猎人亲密无间，就像一只忠实的狗，扒他的肩膀，舔他的手脚，陪他打猎、散步。

后来，小狮子长成了威猛无比的雄狮，却仍很温顺。很多人争相前来观看，引为奇事。有人担忧地问："狮子本性凶残，你小心它有一天兽性发作，把你吃掉。"

猎人笑而不答。

一只狗也好奇地问狮子："你又不是狗，怎么对他这么忠诚？你会吃他吗？"

狮子温柔地摆摆头，说："我才不吃他呢！"

猎人听了更是得意，面对别人的疑问，他总是高声地回答说："那是不可能的！"

一个寒冷的冬天，猎人骑着狮子去打猎。不幸的是，他们遇到了雪崩，随身带的食物和枪支都在慌乱中遗失了。在行走了两天后，他们找不到路了。狮子不愿意再驮着猎人走了。猎人赶紧跳下来步行，并安慰狮子说："等我们回到家，我让你饱吃一顿。"

狮子开始围着猎人打转，一会儿就不住地舔他的手脚，然后，瞪起了血红的眼睛。猎人有些惊恐，问道："你不会吃我的，是吗？”

狮子奋力一跃，将猎人扑倒了，并撕下他胳膊上的一块肉。

“为什么？”

“你不要忘记了，我在本质上从来就是你的对手，只是以前我们在一起很快乐，有吃有喝，现在情况不同了。”

很多人像猎人一样，相信自己的生意伙伴，因为大家是利益共享，风险同当的。而事实证明，和本质上就是对手的人合作是危险的，因此你要随时随地保持警惕。

商场上的权谋和诡计不逊于军事上的欺诈，许多高明的骗子会在开始的合作中建立信誉，而这个信誉只是捞取更多利益的垫脚石。成功的商人知道如何“相信”人和“防备”人。他们信奉“生意场上无父子”；他们深知谈判中的伎俩、需求信息的虚假、广告宣传的夸大和报价的隐瞒；他们清楚，如果掉以轻心就会血本无归。

即使对那些信誉素来良好的合作伙伴，也应留一手，随时随地密切地关注对手的情况。这并非怀疑别人的诚实，而是在有时候对对手的仁慈就是对自己的残酷。如果你“慷慨”地告诉别人生产流程，很有可能后来者居上，抢了你的市场。也许你“热情”地回报外来取经商人的“诚意”，别人知道了“秘方”，你就别想还能领先。受损的还是自己。生意场上的合作者，本质上就是你的竞争对手。一旦涉及利益问题，别人就可能设圈套算计你。到了关乎事业成败或重大经济得失时，若不警惕，你得到的不是“同归于尽”，就是“落井下石”。

若要做一个成功的商人，永远别忘了警惕和戒备自己的对手。

掌握必要的防诈技巧

在商战中，每时每刻都有被击垮的商家，这是竞争的结果，符合规律，不足为奇。可令人遗憾的却是有些被击垮的商家不是因为实力不济而是因为被蒙骗，岂不令人深思。

诈术，是一种完全以虚假的事实，用诡诈言行施行的骗术，在行为上多数是隐瞒真相、虚构事实、伪造证件和假冒身份；在言语上多数是装腔作势、花言巧语、大吹大擂，有时运用一套虚假的“伪理论”。不要以为虚假的行为就一定好辨认，也不要认为“假的东西总会现原形”，而要注意到，在你认识到它是虚假事实之前就已经上当受骗，“事后诸葛亮”和“哲人的自慰”不过是自欺欺人的自我安慰而已。虚假的东西常以“美貌”展现，因而可以迷惑人心。花言巧语，能获得心理上的好感，使一些“铁石心肠”的人上当；“伪理论”常以“真理”的身份骗取人的信任，不花一番功夫，不动脑筋常被其所误。

利益趋向迎合人心，是诈术的基础，作为局外人可能容易识破，但如果是一个一心想要暴富的商人，有时便会在心理上莫名其妙地对骗子产生好感。这种好感，可以使你忘乎所以，因而上当受骗。对此，除了善于辨析真伪的能力外，还要树立一个正确的经营心态。

对付诈术的方法，首先要警惕其存在，其次要善于了解其动机，理智对待它。可从以下几方面着手。

（1）识破骗术

商场中除诈之外还有骗。小骗一句话，大骗处心积虑，挖陷阱，设骗局，让飞蛾投火，使对手无策，自投罗网，俯首就擒。一般的行骗是容易识破的，但要知道，经过心理学家和谋士们设计出来的“骗局”就很难识破了。历史上英国人曾经用“假蒙哥马利”的骗局，在战场上击败过希特勒的军队。

骗局的特点与诈术不同，诈术运用的是虚假，而骗局是人们有计划地运用假假真真、虚虚实实的行为施骗于人，其中包含有一定的真实内容，因而具有更大的欺骗性。骗局没有固定的模式，有的直接施骗于竞争对手，有的则以广大人群为行骗对象，从中获得人心、钱财或达到某种其他目的。

如何识破骗局，没有固定的方式方法。一般来说，对竞争对手的整体行动、动机、目的、言行都应认真分析，鉴别其中的真假虚实；要从实质上看问题，并应全方位地思考，系统地看待对方的行动。

我们反对欺骗，也不主张人们为了哪怕是正当的目的设置骗局。但是，在复杂的竞争活动中，至少我们不能放弃警惕性。

（2）识破诓术

诓术，就字面上来说，即诓骗的技术。诓术常用来欺骗商场上的对手及消费者，并无固定或特定的目标，被诓者通常都是自愿的。诓是行骗的一种方式，其表现手法一般是预先设计种种陷阱，引你落入陷阱，被其掳获，达到事先预期的目的。

诓与骗都是一样的东西，所不同的是，诓从一开始就想骗人，而且总是在美丽的背后暗藏着骗局，或者诱，或者逼，或者激将，或者笼络，变化多种多样，最终让你往他设置的陷阱里头跳，成为他的囊中物。

要看破诓骗并不是很难，只要退后一步站在局外，即能识破庐山真面目。也就是说，一旦看到某些不正常的情况，要保持高度的警惕性和清醒的头脑，只有这样才不会被人轻易诓骗而损失钱财。对付诓骗最简单的办法是不要贪心，不要相信你会从简单的办法中获得利益，不要以为你的智慧和手段会高于诓骗者。

(3）防范赖术

赖术，就其字面上可解释为依赖、依靠，亦可解释为死皮赖脸的无赖。赖术有依赖、耍赖、赖皮、赖债、赖账、诬赖、抵赖等方面的行为。

赖是一门技术，什么时候采取什么赖术，奸商们都是十分讲究的。当客户不需要他的商品时，他可以死皮赖脸地缠住人家，直至达到目的为止；当合同签订之后，又后悔盈利太少，于是开始耍赖，不执行合同；当市场不景气时，债务负担重，资金周转不过来，债主又逼门讨债时，逃之夭夭或“抱病”施治，让债主找不到；当他做了错误的决定使公司承受巨大损失时，却反过来说是别人的责任。如此种种，只说明了一条，那就是赖术广泛地应用于商场之中。

赖术是奸商们对付商场上各种变化的一种手段，有主动的，也有被动的。主动的可以在商场活动中攻坚，被动的可以用来防御。通过各种赖术的运用，奸商们不但能扩大销售，渡过难关，而且可以再大捞一把。

商场上不乏奸诈和欺骗，比起那，赖术又算得了什么呢，不过是小巫见大巫罢了。商场上的竞争是残酷无情的，要想生存、壮大，必须要学习各种应变技术，了解赖术，灵活对付赖术，这将有助于每一个企业的发展。

(4）摆脱操纵

对于一个初入商界的人来说，求教于他人在所难免。久而久之，一些人总结经验，学会经商，独自在商场中驰骋；另一些人却缩手缩脚，像婴儿学步，被大人控制操纵他的行动和自由。

当你进入商场后，一无所知，周围总有一些热心的人会常常这样说，“你本来该买这个”或者“你本来应该这样做”，然而，事实是，你的所作所为，已是过去的事情，是不能改变的。时过境迁，过去的已经成为历史，你已经无能为力了，所以，你不能允许别人用这种所谓的逻辑来控制你。要随时警惕别人企图操纵你的阴谋，因为那样会使你一事无成。当一个人想操纵你时，总是要说出一些套话来，比如：

你为什么不那样做呢？

你若是先和我商量一下就好了。

你看，我干的挺好，平时我就是这样干的。

如果你以前答应过，现在你为什么不履行你的诺言呢？

你要是没那样干就好了。

怎么，昨天有个人也是这样干的？怎么这样啊？

这到底该是谁的错呢？

要记住上面这些话。当你听到这些话时，要弄清其目的何在，然后，再采取相应的措施，千万不能畏惧、手软。

总之，作为商人能时刻保持不被欺诈的警惕性，才会腾出更多更大的精力搞经营。要知道，再好的商家被欺骗一次也是很伤元气的。

所有生意伙伴的实力自己都应了解

如果你费了九牛二虎之力结交的一个“大客户”本就是一个“皮包公司”，那岂不是竹篮打水一场空？

“皮包公司”是进行合同欺诈的“主力军”，它们肆意进行经济诈骗活动，给许多企业、个人带来了巨大的经济损失。

在现实的商场中，要真正能够识别出“皮包公司”却并非易事。人们可能被该公司的招牌所唬住，根本无意顾及验明该公司的正身，便与之谈上交易了。“皮包公司”奇特的招牌确实也使不少人上了当，真的起到了“奇特”的效果。近几年来，“皮包公司”所打的招牌之所以能迷惑人，关键是他们耍弄着巧妙的手法，主要有如下两种。

（1）有着时髦而响亮的公司名称。什么“某某环球贸易公司”“某某太平洋贸易公司”“某某有限公司”“某某物资交易中心”等。这些名称确实迷惑了不少人，或是迷惑刚进城的农民，或是欺骗初涉商场经商之人，或是欺骗那些仅凭名称判断公司虚实的人。

（2）有某个国营、集体单位做依靠。有不少国营、集体单位为了赚钱，聘用外单位或社会“能人”来经营，或是由一批社会“能人”组织承包本单位的经营业务，把本单位的公司章、银行账户转给这些人使用，结果造成一些奸商和经济骗子打着国营、集体单位的合法旗号，名正言顺地大肆欺骗他人。

很多“皮包公司”利用合法的营业执照骗取对方的信任，再进行合同诈骗。比如，事先在合同中约定产品合格率，在验收时合格标准由自己说了算，致使对方根本无法达到原来约定的高合格率，从而达到骗取押金的目的。

诈骗性的“皮包公司”一般是骗取预付款或定金，但也有其他诈骗目的：一是骗取银行贷款。如以某一“皮包公司”的名义向银行贷款，贷款到手后，举家潜逃，查无下落。二是转让、出卖银行账号，为他人诈骗提供条件。如河北栾城某贸易公司将本公司的银行账号转让给北京市李某，李某与石家庄某经销公司签订购买彩电的合同，结果无力付款，使他人造成损失。

聪明的商人拥有敏锐的反应和谨慎的经营作风，他们从多年的商业生涯中总结出一套让“皮包公司”显形的办法。

（1）几项因素综合考虑

公司有无资金，有无场地，有无固定从业人员，有无原料等，都需要全面考虑。比如有一技巧叫作“一假则疑全”，就是说，对该公司的资金、场地、固定从业人员和原料等进行综合考虑，若发现其中一项有诈，则应对该公司的其他项产生怀疑，逐个推敲，辨出真伪。

（2）辨别公司有无资金

一般是先看其营业执照，营业执照上标明其注册资金数额。但有时一些不法奸商也通过贿赂或拉拢工商人员而获得营业执照，其注册资金数额并不真实。有的公司仅凭两张伪造的证件，过关斩将，获得了工商部门的批准，取得了营业执照，标明为“全民所有制”企业，注册资金有1000万元，其实一切都是假的。

（3）判断该公司有无场地

一般要坚持“眼见为实”的原则，亲自到其经营场地看个虚实。最忌那些以某宾馆（豪华大饭店）为业务办事点的公司，这些公司多属“皮包公司”，租用饭店一两间房来办公。有些人往往被“某某公司大经理”在某豪华饭店谈生意这一假象所迷惑，结果受骗上当。

（4）判断该公司有无固定从业人员

一般到该公司经营所在地看一看便可知晓。当然如果仍有疑点也可到当地工商部门去问一下这个公司的情况。

（5）判断该公司有无原料

这就是“眼见为实”。转手买卖、买空卖空的情况经常有，作为商人要仔细判断对方是否干的是“买空卖空”生意。

商人要用自己的“慧眼”将各种类型的“皮包公司”一眼看穿，才能从容地畅游于商海，免受这些骗子的干扰。

做交易宜先小人后君子

双方的关系再好，也要“防患于未然”。要防止合约、合同诈骗，就要从合同订立之前开始。事实早已证明：越是严谨的合同越能得到迅速有效的履行；合同有漏洞，即便对方原本无心，也会忍不住乘机争取更多利益。

商人在签订合同前首先要审查合同的主体是否合格。如果合同主体不合格，那么所签订的合同书无效。在谈判正式开始之前，要搞好主体审查，看对方有没有资格做这笔交易，看对方的营业执照，了解其经营范围，以及对方的资金、信用、经营情况，其项目是否合法。如果对方有担保人，也要调查担保人。

一般来说，重要谈判的签约人应是董事长或总经理或企业法人，而对于具体的业务谈判，出面签约的可能是某业务代表或推销员等。这时候商人同样要检查签约人的资格。如了解对方提交的法人开具的正式书面授权证明，常见的有授权书、委托书等，了解对方的合法身份和权限范围，以确保合同的合法性和时效性。

首先是在审查对方是否具有签约资格时，聪明的商人通常一丝不苟，绝不草率行事。他们对签约的另一方进行信誉调查，了解对方的具体情况。另外，聪明的商人并不轻易相信对方的名片，有时候名片头衔很大，实际上却是空的。此外在涉外商贸谈判中，还要注意把子公司和母公司分开，若与子公司谈判，不仅要看母公司的资信情况，还要调查子公司的资信情况。因为母公司对子公司不负连带责任。

其次是合同文本的起草。当谈判双方就交易的主要条款达成一致以后，就进入合同签约阶段。一般来讲，文本由谁起草，谁就掌握主动权。因为口头上商议的东西要形成为文字，还需要一个过程。有时候，仅仅因为一字之差，意思就有很大区别。起草一方的主动性在于可以根据双方协商的内容，认真考虑写入合同中的每一项条款，斟酌选用对己方有利的措词，并安排条款的程序或解释有关条款。所以精明的商人在谈判中，非常重视合同文本的起草，尽量争取起草合同文本。

再次是合同必须有严密的条款。谈判所涉及的数量、质量、货款支付以及履行期限、地点、方式等，都必须严密、清楚，否则会造成不可估量的经济损失。合同太笼统了也不利于合同的履行。例如，我国北方某企业向南方某公司购买了一批奔腾机芯的电脑，注明原机主要部件须为进口产品，而南方电脑公司提供的机器除机芯为进口产品外，其他部件均系国内组装产品。因为原合同用语"主要部件"表意含糊不确切，导致本想购买一批进口主机的北方企业买了一批国内组装产品。

所签订的合同对商品的标准要有明确规定。有国家标准的，按国家标准执行；没有固定标准而有专业标准的，按照专业标准执行；没有国家、专业标准的，按企业标准执行。如果有其他方面的问题也一并写明。例如，北京某一单位与一家蔬菜公司签订的合同只有七个字："大白菜 20 万斤。"但在运输过程中出现了许多问题，白菜损失了一大部分。在双方交涉过程中，因购货方没有明确质量标准，只能自食苦果。

签订合同时，对于双方在买卖过程中所牵涉的商品的名称应加以准确规范。若国家统一了名称的，用国家统一的名称；若没有国家统一名称的，谈判双方应该统一名称，必要时还要留存样品，因为有时候一物异称或异物简称的现象是普遍存在的。比如，土豆又叫马铃薯，而山西一带则称为"山药蛋"。

此外，签订合同不仅要做到字斟句酌、反复推敲，而且要注意合同的条款有无重复，或者前后是否自相矛盾，以免使对方钻了空子。

再者，合同必须明确规定双方应承担的义务和违约的责任。在现实中许多合同只规定了双方交易的主要条款，却忽略了双方各自应尽的责任，尤其是违约应承担的责任。这样自然削弱了合同的约束力。另外，有些合同条款虽然规定了双方各自的责任、义务，但写得十分含糊笼统。这样，即使一方违约，也无法追究违约者的责任。

在合同中，由于权利和义务是密切相关的，规定了双方承担的义务和违约的责任，也是对签订合同双方的权利的保障，否则一方违约，另一方就可能遭受重大损失。如果当事人一方不履行合同中规定的义务，或者履行的合同义务不符合约定的，应当承担继续履行、采取补救措施或者赔偿损失等违约责任。当事人一方明确表示，或以自己的行为表明不履行合同义务的，对方可以在履行期限届满之前要求其承担违约责任。若对违约责任没有约定或约定不明确的，通过双方协议仍不能明确的，受损害方根据标的性质以及损失的大小，可以合理选择要求对方承担修理、更换、重做、退货、降价或减少报酬等违约责任。当事人一方履行义务不合格的，在继续履行或采取补救措施后，对方仍有其他损失的则应当赔偿损失。由于当事人一方不履行或履行合同义务不符合约定而造成损失的，损失赔偿额应当相当于因违约所造成的损失，还包括合同履行后可以获得的利益。

另外，在所签订的合同中通常约定，一方违约时，应当根据违约情况向对方支付一定数额的违约金，并约定因违约产生的损失赔偿额的计算方法。

最后，合同认为应当经过国家有关部门的审查和认可。经济合同作为一种法律文书，光有双方当事人的签字同意还是不够的，还要得到国家有关部门的认可，即要经过国家有关部门的签证，以确保谈判协议的合法性，也有利于双方有效地履行协议内容。

有时候，生意双方关系不错，觉得没必要或不好意思对合同、协议较真，但往往正是这种“没必要”“不好意思”的意识坏了大事。要记住，防患于未然总不会错，否则，生意会做砸，关系也难以为继。